LA PARODIE

CHEZ LES GRECS, CHEZ LES ROMAINS,

ET CHEZ LES MODERNES.

PAR OCTAVE DELEPIERRE.

Conserver la Couverture

LONDRES:

N. TRÜBNER ET CIE. 60, PATERNOSTER ROW.

1870.

ESSAI SUR LA PARODIE.

PAR OCTAVE DELEPIERRE.

©

LA PARODIE

CHEZ LES GRECS, CHEZ LES ROMAINS,

ET CHEZ LES MODERNES.

❧

PAR OCTAVE DELEPIERRE.

LONDRES:

N. TRÜBNER ET CIE. 60, PATERNOSTER ROW.

1870.

INTRODUCTION.

ST. François de Sales a dit :
" Je ne fais pas, cher lec-
" teur, profeffion d'être
" écrivain ; je n'écris que
" par rencontre et occurrence, et
" afin que tu me fois plus amiable,
" je t'avertis tout naïvement que je
" n'écris rien que je n'aie appris
" des autres. Ains j'ai une fuffifante
" excufe en cela, que je n'ai quafi
" rien tiré de moi-même."

A cela j'ajouterai ce qu'a dit un
docte Lyonnais[1] qui fouvent, mais

---

[1] *Les Matanafiennes ;* Lettres fuivies de
notes fur des riens philologiques, par un petit-
neveu du Prieur Ogier. Lyon, Charin,
1837, in 8°.

en vain, a voulu ſe cacher ſous des
pſeudonymes : "Le ſort d'une œuvre
" littéraire, quoiqu'elle vaille, eſt
" quelquefois de n'être point lue.
" C'eſt rarement un malheur ; dans
" tous les cas on s'en conſole aiſé-
" ment, lorſque, ſuivant l'expreſſion
" d'un auteur, on a ſu *coopérer* au
" deſtin, en ne cherchant qu'une
" publicité circonſcrite."

ESSAI SUR LA PARODIE.

LA fatire qui a combattu toutes les tyrannies, féodale, cléricale, monarchique et populaire, a adopté différentes formes felon les circonftances. Le burlefque, la caricature, le grotefque et la parodie ont été fes armes, mais ces divers genres de fatire rentrent parfois tellement l'un dans l'autre, que fouvent il eft difficile d'en apercevoir la différence.

Effayons de montrer ce que fut la parodie chez les anciens, ce qu'elle eft chez les modernes, et comme elle fe divife en plufieurs efpèces.

Définiffons d'abord avec exacti-

tude ce que nous nous propofons.
Lorfque les mots *burlefque, caricature, grotefque* et *parodie*, s'appliquent
à des œuvres littéraires, prefque toujours ils préfentent à l'efprit un fens
prefqu'identique, et pourtant il y a
entre ces mots une grande différence
de fignification. Il eft d'autant plus
néceffaire de définir les mots avec
exactitude, que les lexicographes et
les critiques font très peu d'accord
entr'eux dans l'explication qu'ils
donnent du mot *parodie.*

M. Patin, dans fon *Répertoire* (al-
phabétique) *de la Littérature ancienne
et moderne*, 30 vol. in 8º,[1] a inféré, au
mot *Parodie*, la définition incom-
plette des Eléments de Littérature
de *Marmontel :* " Le mérite et le
" but de la Parodie, y eft-il dit,
" lorfqu'elle eft bonne, eft de faire
" fentir entre les plus grandes chofes

---

[1] Paris, Caftel de Courval, 1825.

" et les plus petites, un rapport qui
" par fa jufteffe et par fa nouveauté,
" nous caufe une vive furprife :
" contrafte et reffemblance, voilà les
" fources de la bonne plaifanterie, et
" c'eft par là que la Parodie eft in-
" génieufe et piquante." Plufieurs
autres auteurs, qu'il eft inutile d'énu-
mérer, ne font pas plus exacts.

L'excellent dictionnaire de *Richelet*, d'Amfterdam, 1732, contient un
affez long article fur la Parodie, dont
Scaliger, dit-il, a donné cette définition : " Eft igitur Parodia Rapfodia
" inverfa, mutatis vocibus, ad ridi-
" cula fenfum retrahens."[1]

M. E. Littré, dans fon admirable
dictionnaire de la langue Françaife,
diftingue fort bien les différentes
efpèces de parodies, et profite, en le
citant, de l'article de Richelet :

---

[1] Jules Céfar Scaliger, au livre 1er, chapitre
42 de fa *Poétique*.

" Ce font des ouvrages en profe ou
" en vers, où l'on tourne en raillerie
" d'autres ouvrages, en fe fervant de
" leurs expreffions et de leurs idées,
" dans un fens ridicule et malin.
" La Parodie eft la fille de la Rap-
" fodie, c'eft à dire, qu'elle com-
" mence chez les Grecs, à propos
" des Rapfodies d'Homère." [1]

Littré donne enfuite quatre autres
définitions du mot, et la dernière
eft celle où on l'applique à des pièces
qui, n'ayant plus aucune reffemblance avec l'original, l'analyfent ou
le réfument en ridicule, telle qu'eft

---

[1] Lorfque les Rapfodes chantaient les vers
de l'Iliade ou de l'Odyffée, et qu'ils trouvaient
que ces récits ne rempliffaient pas l'attente
ou la curiofité des auditeurs, ils y mêlaient,
pour les délaffer, et par forme d'intermède,
des petits poèmes compofés des mêmes vers à
peu près, qu'on avait récités, mais dont ils
détournaient le fens, pour exprimer une autre
chofe, propre à divertir le public. C'eft ce
qu'ils appelaient *parodier*, de παρὰ et ῳδὴ,
contre-chant.

la parodie amuſante de *Deſaugiers*,
de l'opéra de la *Veſtale*, par *Jouy*.

Dans le Dictionnaire Univerſel de
Trévoux, de 1771, in folio, on avait
déjà indiqué cinq ſortes de parodies :
1° le changement d'un ſeul mot dans
un vers ; 2° le changement d'une
ſeule lettre dans un mot ; 3° l'application ſans changement, mais ma-
ligne, de quelques vers connus ; 4° des
vers dans le goût et le ſtyle de l'auteur
qu'on veut parodier ; 5° enfin un
morceau, proſe ou vers, d'un auteur,
qu'on détourne à un autre ſujet et
à un autre ſens, au moyen de quelques changements.

Ces définitions quoique juſtes à
pluſieurs égards, ne nous ſemblent
pas aſſez inſiſter ſur le caractère dif-
tinctif de la Parodie, à notre point de
vue, caractère très bien exprimé dans
un Traité des Belles-Lettres ſur la
poéſie Françoiſe.[1]

[1] Par F. M. A. D. M. D. B. D. (Le Père

"La Parodie, fille aînée de la
" satire, est aussi ancienne que la
" poésie même. Il est de l'essence
" de la Parodie de substituer tou-
" jours un nouveau sujet à celui
" qu'on parodie; aux sujets sérieux,
" des sujets légers et badins, en em-
" ployant autant que possible, les
" expressions de l'auteur parodié."

C'est en effet cette distinction, la
substitution d'un nouveau sujet, qui
sépare la parodie du genre burlesque
ou comique. Ainsi *le Virgile* de Scarron, et la *Henriade Travestie*, ne
sont pas des parodies, parceque les
sujets ne sont pas changés.[1] C'est
seulement faire tenir aux mêmes

de Montespin, Jésuite) Avignon, 1747, in 12°.
Ce petit traité curieux est difficile à trouver
aujourd'hui.

[1] Voir aussi *L'homme des Bois*, soi-disant
parodie de *l'homme des champs*, de Delille ; *le
Petit Neveu de l'Aretin*, burlesque du 4eme
livre de l'Enéide ; une imitation comique de
l'*Atala*, de Chateaubriant, &c.

perfonnages un langage trivial et bas, ce qui conftitue le genre bur-lefque. Deux excellentes parodies font le combat des rats et des grenouilles, attribué à Homère, et le Lutrin de Boileau, où tous les orne-ments de la belle poéfie font ajuftés à un petit fujet.

Le contrafte entre le langage de Scarron et celui de Virgile eft loin d'être auffi plaifant que celui dont l'efprit eft frappé lorfque l'on voit les rats et les grenouilles parler et agir comme les guerriers de l'Iliade, et la femme du perruquier, dans le Lutrin, prendre le ton de l'épopée, pour ex-haler fa fureur, en parodiant les ex-preffions de Didon.

Cette diftinction qualificative de la parodie a été adoptée par M. Victor Fournel, dans fa *Litté-rature Indépendante, ou Effai de cri-tique et d'érudition fur le* 17me *fiècle.* " La parodie," dit-il, " peut fe con-

" fondre souvent, et par beaucoup
" de points, avec le burlesque dont
" elle diffère toutefois en ce que,
" lorsqu'elle est complette, elle
" change le sujet et la condition
" des personnages, dans les œuvres
" qu'elle travestit.

" Le premier soin d'un parodiste
" aux prises avec l'œuvre de Virgile,
" est d'enlever à chacun son titre, son
" sceptre et sa couronne. Il fait par
" exemple d'Enée, un commis-voya-
" geur sentimental et peu déniaisé ;
" de Didon, une aubergiste com-
" patissante, et de la conquête de
" l'Italie, quelque grotesque bataille,
" assortie à ces nouveaux person-
" nages."

On peut encore nommer parodie
selon l'abbé Sallier,[1] les vers faits
dans le goût et le style de certains
auteurs peu approuvés. Tels sont

[1] Mémoire sur l'origine de la Parodie, &c.
Dans les *Mémoires de l'Académie des Inscrip-
tions et Belles Lettres*, année 1733, in 4°.

les vers que Voiture et Sarrafin ont faits à l'imitation de ceux du poète Neufgermain, et le quatrain de Defpréaux, où il a imité le dureté des vers de la *Pucelle* de Chapelain.

Le même Académicien nous donne les règles fuivantes, de la bonne parodie :

" Le fujet que l'on entreprend
" de parodier doit toujours être un
" ouvrage connu, célèbre, eftimé.
" La critique d'une pièce médiocre
" ne peut jamais devenir intéreffante,
" ni piquer la curiofité. Il faut que
" l'imitation foit fidèle, que les
" plaifanteries naiffent du fond des
" chofes, et paraiffent s'être pré-
" fentées d'elles-mêmes, fans avoir
" coûté aucune peine. Elles ne doi-
" vent être ni déplacées ni répandues
" fans ménagement. L'auteur d'une
" parodie doit éviter avec foin trois
" écueils bien dangereux : l'efprit
" d'aigreur, la baffeffe de l'expref-
" fion et l'obfcénité.

" Le ftyle de la parodie doit être
" fimple et naïf. Il ne faut pas
" qu'un auteur efpère aucun fuccès
" de fes parodies, s'il n'a pas appris à
" diftinguer le fimple et le naïf, du
" plat et du bouffon, et s'il ignore
" que le ftyle le moins noble doit
· " avoir fa nobleffe. Les préceptes
" que donne Boileau, à l'occafion du
" ftyle burlefque, peuvent fervir en-
" core aujourd'hui de préfervatif
" contre les mauvaifes parodies.
" Donc pour donner à celle-ci fon
" véritable caractère, il faut qu'elle
" imite fidèlement, fans avoir rien
" de fervile ni de contraint ; qu'elle
" foit févère fans aigreur ; naïve fans
" baffeffe ; qu'en un mot, fa plus
" grande attention foit de joindre
" l'utile à l'agréable."

Si les opinions fur ce qui conftitue
véritablement la Parodie, ont été
fi diverfes, ainfi que nous venons de
le voir, c'eft peut-être parcequ'il y a

eu un fi grand nombre de favants
qui fe font occupés de ce genre de
littérature, tant en France qu'en
Allemagne. Un des principaux eft
Henri Étienne qui, outre de nombreufes remarques dans fes innom-
brables travaux philologiques, a confacré deux ouvrages à la parodie.[1]
Dans le premier il explique comment l'idée lui eft venue de traiter
ce fujet, pour foulager l'ennui de la
route, un jour qu'il retournait chez
lui, à cheval, à la fuite d'une ex-
curfion à Vienne en Autriche. " Eas
" paginas equitans, ad fallendum viæ
" tædium fcripfi." Il commence
par expliquer la parodie la plus
fimple, celle qui confifte à changer
un mot ou deux dans l'un ou l'autre

[1] Parodiæ morales H. Stephani & ejufdem
centonum veterum et parodiarum utriufque
linguæ exempla. 1575.
Homeri et Hefiodi Certamen, Matronis et
aliorum parodiæ ex Homeri verfibus confutæ.
1573.

vers d'un poète grec ou latin, de manière à en changer complètement le fens, ainſi :

Quidquid delirant reges plectuntur Achivi,

devient :

Quidquid delirant medici, plectuntur id ægri ;

ou bien :

Quidquid delirat conjux, id plectitur uxor.

On comprend que ces changements peuvent fe faire à l'infini. Henri Etienne remplit 150 pages de ces variations prifes dans Virgile, Horace, Ovide, Claudien.

Dans la feconde partie de ce petit traité, l'auteur, après d'affez longs détails fur les Centons, rappelle que les anciens, Diogène le Cynique, Socrate, Platon, etc. ont fouvent détourné le fens de quelques vers d'Homère, pour les appliquer à des circonftances différentes. Il donne enfuite plufieurs exemples de la parodie grecque et latine.[1]

Dans fon fecond ouvrage, H. Etienne préfente des parodies grecques de Matron, d'Hégémon, d'Hipponax, &c., et il ajoute des parodies latines de Jules Céfar Scaliger et de Jofeph Scaliger, fon fils.

Nous verrons ci après que plufieurs autres écrivains en France, n'ont pas dédaigné de f'occuper de ce genre.

Le favant philologue Allemand

[1] C'eft à cette forte de parodie que fe rapporte l'anecdote de Diogène de Laerte dans *Les vies et doctrines des Philofophes*, à l'article *Carnéade*. Un des difciples qui fréquentaient les leçons de ce dernier, nommé Mentor de Bithynia, était devenu fon rival, et aimait la maîtreffe de Carnéade qui irrité lui lança dans un de fes difcours ces vers, parodiés d'Homère: " Ici habite un certain veillard " bouffi de vanité," (Odyff. chant Ier, vers 349), " qui pour l'extérieur et la voix reffem- " ble à Mentor." (Odyff. ch. 2. v. 401.) " J'ordonne qu'on le chaffe de cette école." (Sophocl. Antig. v. 203). Mentor loin de

3

Moser a également dirigé, à deux reprises, son attention vers le même objet.[1]   Il établit la différence qu'il y a entre la parodie et cinq ou six autres formes de styles qui approchent de ce genre, entr'autres la *Palinodie* ;[2]

se laisser interdire par cette sortie, se leva, et continuant la citation, repliqua : " Il dit, et " celui-ci se leva à l'instant." Puis il quitta la salle.

[1] Geo. Henr. Moser's Parodiarum græcarum exempla ex Ariftophane, Plutarcho et Luciano excerpta. Ulm. 1819.

Studien Heraufgegeben von Carl Daub und Fried. Greuzer, professoren in Heidelberg. 1809, 8°. Au 6ème vol. se trouve l'essai de Moser : *Ueber die Parodische Poefie der Griechen.*

[2] *Palinodie*, chant à rebours, de Πάλιν et ᾠδή. Les anciens appelaient ainsi des pièces de vers dans lesquels on disait le contraire de ce qu'on avait dit dans une pièce précédente. Rollin nous apprend que Stésichore ayant perdu la vue, en punition des vers mordants et satiriques qu'il avait fait contre Hélène, il ne la recouvra qu'après avoir composé une nouvelle pièce de vers, contraire à la première ; ce qu'on désigna sous le nom de *Palinodie.*

puis viennent plufieurs exemples de parodies grecques et latines.

Dans l'Encyclopédie de Erfch et F. G. Gruber,[1] on trouve d'amples renfeignements fur la Parodie chez les anciens, ainfi que de nombreux exemples. Il fait obferver à jufte titre que Flögel[2] en parlant de ce genre a fait un fingulier mêlange de chofes difparates, et s'eft complètement trompé dans fa divifion en fept claffes. M[r]. Fred. W. Ebeling a publié à Leipzig, 1869, en 3 vol. in 8°, une hiftoire de la Littérature comique de l'Allemagne depuis le 18ième fiècle. On y trouve beaucoup

---

[1] Allgemeïne Encyclopädie &c.; Leipfig, 1839. Douzième volume, p. 266. L'article établit une diftinction très jufte entre la parodie et la ftyle burlefque et comique.

[2] Gefchichte der Komifchen Liter. vol. 1. p. 349, et vol. 3, p. 351. Ainfi que Gefchichte des Grotefkkomifchen, p. 107. Fred. W. Ebeling a remanié le travail de Flögel, dont il a donné une nouvelle édition in 8°, avec planches, à Leipfig, en 1862.

plus de développements que dans l'ouvrage de Flögel. Malheureuſement dans le chapitre conſacré à la Parodie, il confond ce genre avec le burleſque et les poèmes traveſtis, de ſorte que, n'ayant pu examiner tous les auteurs qu'il cite, nous n'avons pas haſardé de citer à faux peut-être les ouvrages dont il fait mention.

N'oublions pas de mentionner auſſi la diſſertation inaugurale de Weland[1] qui renferme des détails très intéreſſants ſur la matière.

Maintenant que nous avons montré que la Parodie a fixé l'attention des ſavants de France et d'Allemagne, et qu'elle a une certaine importance dans l'hiſtoire de la Littérature, voyons ce que les anciens nous ont laiſſé ſur ce ſujet. Nous examinerons après cela, ce

---

[1] De præcipuis parodiarum Homericarum ſcriptoribus, diſſertatio inauguralis, 8 de Mai, Gott. 1833.

qu'eſt devenue la Parodie dans les temps modernes.

Outre les Rapſodes Homériques, *Athénée* nous apprend qu'il y eut en Grèce un aſſez grand nombre de poètes parodiſtes. *Eubée*, de Paros, contemporain de Philippe de Macédoine, était un des principaux d'entr'eux. On avait quatre livres de ſes parodies.

Polémon, au livre 12ième de ſon ouvrage ſur *Timée*, regarde *Beotus* et *Eubée* comme d'élégants écrivains parodiſtes dont les plaiſanteries ont beaucoup de ſel, et qui ont même ſurpaſſé leur devanciers.

Matron, autre poète grec, parodia pluſieurs milliers des vers d'Homère, en les appliquant à l'art culinaire et au marché de comeſtibles.

Les uns diſent que ce fut *Hipponax*, le poète comique, qui floriſſait vers la ſoixantième Olympiade, qui imagina cette eſpèce de poèſie.

D'autres veulent que ce fut Hégémon, de Thasos, île de la mer Egée,[1]
qui le premier disputa en ce genre
le prix aux jeux publics d'Athènes,
et y remporta le prix par sa *Giganto-
machie*.

La tradition nous apprend que
telle fut la gaieté folle qui saisit les
auditeurs, lorsqu'il récita ce combat
des géants, que malgré la nouvelle
qu'on vint apporter au théâtre, d'un
grand désastre éprouvé en Sicile, par
l'armée Athénienne, le public voulut
entendre le poème jusqu'à la fin.

Il nous reste trop peu de choses
des parodies d'Hipponax, et d'Hégémon, pour nous permettre de juger
de la vivacité de leurs plaisanteries.[2]
Plus tard Œnonas, né en Italie, acquit

[1] Il vivait environ 428 ans avant l'ère
Chrétienne, et fut l'ami particulier d'Alci-
biade.

[2] Voir Homeri et Hesiodi certamen, Matronis et aliorum parodiæ ex Homeri versibus
confutæ, par Henri Etienne. 1573, in 8°.

auſſi un grand renom par ſes parodies des *Citharædes*[1] ou chanteurs
publics qui s'accompagnaient de la
cithare. Il ſemble toutefois que
c'était plutôt le burleſque qu'il cul-
tivait, car *Ariſtoxène* nous dit que ce
fut lui qui repréſenta Polyphème
chantant des chanſons langoureuſes
et comiques, et Ulyſſe parlant le
langage du bas peuple, lorſqu'il paraît après ſon naufrage.

Il eſt très probable que lors même
que les parodies d'Hipponax et d'Hégémon euſſent été conſervées, nous
n'aurions pu en apprécier le ſel ni la
fineſſe, pas plus que dans une ving-
taine de ſiècles, les habitants d'un
pays éloigné, ayant d'autres mœurs et
parlant une autre langue, ne com-
prendront les plaiſanteries et le comique du *Charivari* français, ou du
Punch Anglais.

[1] Athénée, Banquet des Savants, liv. 1er.

Les parodies qui abondent dans les comédies d'Ariftophane, font beaucoup plus intelligibles pour nous, d'abord parceque nous poffédons les ouvrages d'Euripide et autres, dont il a parodié les paffages, et auffi parceque, grâce à Thucydide et aux auteurs grecs qui nous font confervés, nous comprenons prefque auffi bien l'époque de Socrate et de Cléon, que celle de Louis XIV.

Les dialogues de Lucien de Samofate font également parfemés d'abondantes parodies d'Homère, d'Héfiode, d'Efchyle, de Sophocle et d'Euripide. Le 44ième dialogue tout entier : *Jupiter le tragique,* en eft rempli.

Dans fon *Hiftoire Véritable,* parodie très ingénieufe et fouvent imitée depuis, des contes à dormir debout, de Jamblique et d'Antoine Diogène,[1]

[1] Voir à ce fujet *l'Hiftoire du roman, et de fes rapports avec l'hiftoire dans l'antiquité*

il s'eft moqué des hiftoires extrava-
gantes dont la lecture, à ce qu'il paraît, était de fon temps, fort goutée.

Lucien lui-même prévient fon lecteur que parmi tous fes récits, il n'en
eft pas un qui ne faffe allufion à des
fictions publiées fur un ton férieux,
par des poètes, des philofophes et
des hiftoriens. C'eft donc une véritable parodie qu'il a voulu faire.

Le goût de parodier avait pris chez
les grecs un tel empire qu'ils l'appli-
quaient même à la peinture. Nous
poffédons deux vafes Etrufques où eft
repréfentée en véritable parodie, la
vifite de Jupiter à Alcmène.[1]

On doit faire remarquer ici qu'-

grecque et latine, par A. Chaffang. 1 vol. 8°.
Paris, 1862.

[1] Panhofka ; Antiques du Cabinet Pour-
talès, pl. x. et Winckelmann ; vafes jadis dans
la Bibliothèque du Vatican, aujourd'hui à
St. Peterfbourg.

Pline, dans fon *Hiftoire Naturelle*, liv. 35,
rapporte plufieurs autres exemples.

4

aucun poète n'a été plus fouvent et plus univerfellement parodié qu'Homère. Il paraît que Timon le Sillographe n'avait pas puifé ailleurs que dans ce poète, les fonds des fes parodies dont il avait compofé quatre livres. Les fragments qui nous en reftent, en font une bonne preuve. On appelait ces pièces de vers SILLES parcequ'on y faifait parler Silène.[1]

Les Romains à leur tour adoptèrent ce goût des Grecs, comme on le voit fur les murs de Pompeii et d'Herculanum. Une peinture entre autres repréfente fous la forme d'animaux, Enée fauvant fon père Anchife et fon fils Afcagne, des ruines de Troie en flammes.[2]

Les Latins, plus heureux à imiter

[1] Hiftoire de l'Académie Royale des Infcriptions et Belles Lettres. Paris, 1733, in 4°. Tome 7 ; Difcours fur l'origine et le caractère de la Parodie, par l'abbé Sallier.

[2] Pour plus de détails fur ce fujet, confultez un travail très curieux de *Panofka* : " *Parodieen*

que féconds à inventer, se font auffi
exercés à la compofition de parodies
en vers. Cicéron, dans le fecond
livre de *l'Orateur,* en défigne différentes fortes. Parmi celles qui nous
reftent, il en eft une très vive et très
piquante, que Jofeph Scaliger, fils de
Jules Céfar Scaliger, a inferée dans
fes *Catalectes* (Lugd. Batav. 1617,
8vo.).

C'eft une imitation de l'éloge d'un
vaiffeau, par Catulle, faite à l'occafion de l'étonnante fortune de *Ventidius Baffus.* Cet homme, de la plus
baffe extraction et qui avait été mu-
letier, s'éleva peu à peu, grâce à la
faveur de Céfar, et finit par arriver
au Confulat. Le peuple romain
qui fe fouvenait d'avoir vu Ventidius
Baffus gagner fon pain à foigner des

" *und Karikaturen auf werken der Klafifchen*
" *Kunft,*" inféré dans le volume de 1854 des
" *Abhandlungen der Akademie der Wiffenfchaften*
" *zu Berlin.*"

mulets, afficha dans les rues de Rome, la satire suivante :

" Accourez tous, augures et aris-
" pices ; un prodige inoui vient d'ar-
" river ; celui qui frottait les mulets
" a été fait Consul."

Au nombre des pasquinades dirigées contre cet homme, est la parodie du *Phaselus* de Catule ; attribuée à Virgile, de dix sept ans plus jeune que le poète de Sirmium :

Sabinus ille quem videtis hospites,
Ait fuisse mulio celerrimus.

Tibi hæc fuisse, et esse cognitissima
Ait Sabinus, ultima ex origine.
Tua stetisse dicit in voragine,
Tua in palude deposuisse sarcinas,
Et inde tot per orbitosa millia
Jugum tulisse ; læva sive dextera
Strigare mulas, sive utrumque cœperat,
Neque ulla vota semitalibus Deis
Sibi esse facta, propter hoc novissimum
Paterna lora, proximumque pectinem.
Sed hæc prius fuêre ; nunc eburnea
Sedetque sede, seque dedicat tibi
Gemelle Castor, et gemelle castoris.

Virgile, comme tous les grands poètes, eut plufieurs détracteurs. Un d'eux parodia, à ce qu'il parait, fes Bucoliques.[1] La première commencait par ce vers :

Tityre, fi toga calda tibi eft, quo tegmine
    fagi ?

Et un autre critiquait fon ftyle :

Dic mihi, Damæta, cujum pecus ? anne
    latinum ?
Non, verum Ægonis. Noftri fic rure lo-
    quuntur.

Quoiqu'il nous refte très peu de chofe des parodies des Latins,[2] il n'en eft pas moins vrai que Vavaffeur a foutenu une thèfe infoutenable

---

[1] Donat, dans fa vie de Virgile, rapporte que : " Prolatis Bucolicis innominatus quidam fcripfit *Antibucolica*, duas modo eclogas, fed infulfiffimè Παρωδήσας, quarum prioris initium eft : ' Tytire,' " &c.

[2] Nous ne mettons point dans cette claffe *l'Apocoloquintofe* de L. A. Sénèque, qui n'eft qu'une apothéofe bouffonne dirigée contre l'Empereur Claude.

dans son livre *De ludicrâ dictione*, où il prétend que ni les auteurs grecs, ni les écrivains Latins ne se sont jamais servi du style burlesque ni de la parodie. Ce qu'il y a de plus singulier dans ce traité, c'est que l'auteur lui-même donne d'un bout à l'autre la preuve du contraire de ce qu'il soutient. " Quid dissimulem, dit il, en " parlant des Grecs, varias Aristo-" phanis, multiplicesque parodias " quas partim ex Homeri, Pindari " Æschyli, Euripidis concinnavit ver-" sibus, partim ex diversis aliorum " dictis et sententiis."

Il avoue la même chose de Lucien : Quis, demande-t-il, " epica " Homeri, Hesiodi et aliorum ; quis " tragica Æschyli, Sophoclis, Euri-" pidis comica fecit ?"

Qu'est ce ceci, sinon la parodie? Et que signifie le *vertebant seria ludo*, de l'art poétique d'Horace ? Les contradictions de Vavasseur sont vrai-

ment étonnantes. Dans un chapitre confacré exprès à prouver que :
" Marcus Cicero de ludicrâ dictione
" nihil præfcripfit," il donne précifé-
ment les préceptes de Cicéron fur
ce fujet :

" Duplex omninò eft jocandi ge-
" nus ; unum illiberale, petulans,
" flagitiofum, obfcenum ; alterum,
" elegans, urbanum, ingeniofum,
" facetum."

Après ceci, et plufieurs autres
paffages de la même fignification,
comment expliquer la conclufion
que Vavaffeur tire de fon traité en
462 pages in 4to.

" Hîc contendere poffevideor quia
" nemo veterum adhibuit ridiculam
" et jocularem orationem, nemo de
" eâ memoravit." Que fignifie alors
Ludicra Dictio,[1] et les *Parodiæ* qu'il
avoue qu'on trouve dans Ariftophane et dans Lucien ?

[1] *Ludicer,* vel *Ludicrus,* jocularis, luforius.

Sans parler de l'ancienne parodie du *Phaselus*, citée ci-deſſus, et attribuée à Virgile, un autre exemple ferait la cauſtique réponſe que fit l'empereur Adrien au poète Florus qui avait dit :

> Ego nolo Cæſar eſſe,
> Ambulare per Britannos,
> Scythicas pati pruinas, &c.

et auquel il repliqua :

> Ego nolo Florus eſſe,
> Ambulare per tabernas,
> Latitare per popinas,
> Culices pati rotundos, &c.

Il eſt probable que ſous les Empereurs, et pendant les deux ou trois premiers ſiècles de l'ère chrétienne, plus d'un écrivain compoſa des parodies, mais le temps les a détruites. Ce qui rend cette ſuppoſition probable, c'eſt que les murs de Pompéï

Ludicræ artes ſunt quæ ad voluptatem aurium tendunt. *Totius Latinitatis Lexicon J. Facciolati et A. Forcellini.*

nous en ont confervé quelques unes
dans ce que les Italiens appellent
Graffiti, deffins ou infcriptions tracés
fur les murs à l'aide d'un ftilet ou
d'un clou. Il en exifte un affez
grand nombre.[1]

Dans la longue période entre
l'antiquité et ce qu'on eft convenu
d'appeler le moyen-âge, l'ordre fo-

---

[1] On peut en voir des exemples dans
l'ouvrage de Mr. Thomas Wright: *Hiftory
of Caricature and Grotefque in Literature
and Art.* Londres, 1865, in 4°. p. 33 et fuiv.
La définition précife de la Parodie, bien
différente de celle de la caricature, doit
s'appliquer auffi à la peinture, à la gravure et
à la fculpture, mais nos limites ne nous per-
mettent pas d'aborder ce fujet. Nous nous
bornons à traiter la Parodie littéraire.
Citons toutefois un exemple curieux, entre
mille, de la parodie fculptée. En 1298, un
imagier que les chroniqueurs difent "Célèbre"
s'imagine de repréfenter fur le chapiteau d'une
colonne de la Cathédrale de Strafbourg, des
figures parodiant toutes les cérémonies de la
Meffe. Un ours portait le bénitier et le gou-
pillon; un loup tenait la croix; derrière lui

cial fubit une complette transfor-
mation.

Pendant cette époque de tran-
fition, les traces de la littérature des
parodies nous échappent ; mais il
eft curieux d'obferver comment le
clergé commença de bonne heure à
imiter les anciens, en parodiant les
fujets religieux.

Une des plus anciennes pièces de
ce genre, eft rapportée par Edeleftand
du Méril.[1] C'eft la parodie du
Feftin des Noces de Cana, que donne

un lièvre l'éclairait de fon flambeau ; l'autre
face du chapiteau repréfentait un âne, revêtu
d'habits facerdotaux, difant la Meffe devant un
autel fur lequel fe voyait un calice, et l'Euco-
loge entr'ouvert.   Le diacre chantant l'évan-
gile, n'était autre qu'un fecond âne auquel un
finge fervait de fous-diacre. Ces figures ont été
détruites. (Voir *le Bibliophile François illuftré*,
année 1869, page 82.   *L'art fatirique d'après
les monuments.*)

[1] *Poéfies populaires latines antérieures au
douzième fiècle.*   1 vol. in 8°. p. 193.   Paris,
1843.

un roi de l'Orient, nommé Johel.[1]
Le nombre des invités eſt conſidérable. Adam prend la première
place, et à coté de lui Eve s'aſſied
ſur un tas de feuillage. Cain eſt
aſſis ſur une charrue, Abel ſur une
urne à lait, Noé ſur une arche,
Abraham ſous un arbre. Job ſe
plaint d'être obligé de s'aſſeoir ſur
un tas de fumier; Moïſe a pour
ſiège des pierres, Tobie, un lit, Ben-
jamin, un ſac, Jeſus, un puits, &c.
Pendant le repas, dont la deſcrip-
tion eſt une complette parodie,
David joue de la harpe, et Marie,
du tabor, et Herodias danſe.

A la fin du banquet : " Satura-
" tione vini ſopitus jacebat Adam,

[1] Pour rendre le rapprochement plus clair,
on lit dans la copie qu'en envoya Rabanus
Maurus au Roi Lothaire : "quidam præpotens
" rex, habitans in partibus orientis, nomine
" *Abbatheos* (Dieu le Père) habenſque unicum
" filium vocabulo *Theos*, nuptias ei facere
" voluit," etc.

" ebrius obdormivit Noe, fatis bibe-
" rat Loth, ftertebat Holofernes,
" fomnus tenebat Jonam, vigilabat
" propè gallum Petrus." &c.

C'eft à tort qu'on attribue cette
pièce à St. Cyprien qui vivait au
troifième fiècle ; du refte, quelque
foit l'auteur de cette Cène, elle n'en
eft pas moins fort ancienne, et elle a
d'inconteftables droits, dit Mr. du
Méril, à l'attention des hiftoriens
de la littérature.

Ce ne fut qu'au 11ième fiècle, nous
dit l'*Hiftoire Littéraire de France*
(tom. vii. p. 129,) que quelques
écrivains donnèrent dans le genre
fatirique, qui jufqu'alors avait été
très rare en France. Peut-être le
goût leur en vint-il des poètes pro-
vençaux qui en faifaient beaucoup
ufage. Mais fur le pied qu'était
alors la poéfie, la fatire n'avait ni la
vivacité ni ces traits agréables que
demande ce genre de poéfie.

Dès le douzième siècle, il y eut abondance d'écrits satiriques de bien des genres, mais on ne rencontre que peu ou point de parodies dans le sens restreint que nous donnons à ce mot. La raison en est que cette sorte de parodie est la contre partie bouffonne d'une œuvre littéraire populaire sérieuse. Or ces écrits satiriques s'occupaient d'abord de la critique des mœurs, des institutions et des abus en général, mais il n'existait pas d'œuvre littéraire qui fut assez célèbre ou qui fixât assez l'attention pour qu'on songeât à la parodier. D'ailleurs, comme le fait observer encore l'*Histoire Littéraire de la France*, (tom. ix. p. 171 de la réimpression,) les auteurs manquaient de presque tous les talents nécessaires pour réussir dans la parodie.

Ce genre, en général amusement des littératures vieillissantes qui commencent à ne plus respecter leurs plus belles œuvres,[1] eft cependant une des formes que prit d'affez bonne heure, tant en vers qu'en profe, l'efprit railleur de nos ayeux. Au treizième fiècle on défignait généralement les parodies fous le nom de *Fatrafies*.

Les prières chrétiennes, les cérémonies de l'Eglife, font parodiées en fe fervant de la langue que parlait l'Eglife elle-même. Nous avons en latin, dans des manufcrits du fiècle de Saint Louis, des facéties où font calquées, avec une fidélité dérifoire, les paroles confacrées aux offices et aux rites de la Liturgie.

Ainfi on trouve une meffe des buveurs dans un manufcrit de la Bibliothéque Harléïenne, No. 913, dont nous extrayons quelques paffages feulement.

---

[1] Hiftoire littéraire de la France, in 4°, tome xxiii. page 493.

" *Incipit Missa de Potatoribus.*

" Introïbo ad altare Bacchi. *R.*
" Ad eum qui lætificat cor hominis.

" Confiteor reo Baccho omnipo-
" tenti, et reo vino coloris rubei et
" omnibus ciphis ejus, et vobis pota-
" toribus, me nimis gulofe potaffe
" per nimiam naufeam rei Bacchi
" potatione, fternutatione, ofcitatione
" maxima, mea crupa, mea maxima
" crupa. Ideo precor beatiffimum
" Bacchum et omnes ciphas ejus, et
" vos fratres potatores, ut potetis pro
" me ad dominum reum Bacchum,
" ut mifereatur mei," &c.

" *Oratio.* Tu qui multitudinem
" rufticorum ad fervitium Cleri-
" corum venire fecifti et militum,
" et inter nos et ipfos difcordiam
" feminafti, da nobis quæfumus, de
" eorum laboribus vivere et eorum
" uxoribus uti, et de mortificatione
" eorum gaudere, per dominum nof-

" trum reum Bacchum, qui bibit et
" poculat, per omnia pocula pocu-
" lorum." [1]

. Ces traveſtiſſements n'ont épargné
ni le *pater*, ni le *credo*, ni le *confiteor*.
Dans un manuſcrit du temps d'Edou-
ard III. d'Angleterre, en la poſſeſ-
ſion de George Matcham, Eſq. de
Newhouſe, comté de Wilts, on lit la
parodie ſuivante d'un Evangile :

　　" *Initium fallacis Evangelii*
　　　　"*ſecundum Lupum.*

" In illo tempore cum natus eſſet
" Bacchus in Waltona, in diebus Ed-
" uardi Regis, ecce magni potatores
" de omnibus partibus venerant, di-
" centes ; Ubi eſt qui natus eſt rex

---

[1] L'Egliſe de Sens poſſédait encore au ſiècle
dernier un manuſcrit complet de la meſſe des
Fous.　C'était un mêlange confus de quoli-
bets, d'alleluia groteſques, de latin bouffon,
en un mot la cérémonie complète, mêlée à la
licence des Saturnales.　Ducange nous a laiſſé
dans ſon *Gloſſaire* une analyſe très détaillée de
l'office de l'âne d'après le rituel de Reims.

" ribaldorum, dux potatorum, glouti-
" norum, villanorum ? Vidimus fig-
" num ejus in oriente, et in omnibus
" partibus villæ Oxoniæ, et venimus
" cum muneribus adorare eum. Au-
" diens autem hæc, Eduardus Rex
" turbatus eft, et omnis Oxonia cum
" eo, et convocatis magiftris pota-
" toribus, diligenter didicit ab eis
" tempus ipfius figni quod viderant
" in Oriente. Et ftatim procedentes,
" viderunt doleum reum Bacchum.
" Et intrantes domum, invenerunt
" doleum plenum, et obtulerunt ei
" munera aurum, argentum et plum-
" bum. Et refponfo accepto in
" fomnis, ne redirent ad bonitatem
" per aliam viam, reverfi funt in
" miferiam fuam. Et cum inebriati
" effent potatores, unus eorum ce-
" cidit in lutum, vinum autem per
" os ejus exierat habundanter."

De même que l'Angleterre, l'Allemagne, trois fiècles avant la Réforme

6

parodiait les Evangiles pour mieux décrier les exactions de la Chancellerie Pontificale.[1]

Un ouvrage affez rare contenant des pièces compofées en différents temps et par différents auteurs, contre les Papes, les Prélats et les religieux en général, renferme auffi plufieurs parodies de ce genre. Sallengre, dans fes *Mémoires de Littérature*, penfe que cet ouvrage aurait eu pour éditeur Cælius Secundus Curio, favant Piemontais qui avait fouffert en Italie une rude perfécution, parcequ'il était fufpect de proteftantifme. Quoiqu'il en foit, plufieurs des parodies de ce livre,[2] font d'une date très ancienne.

---

[1] On trouve plufieurs de ces parodies dans les *Carmina Burana*, Stuttgart, 1847. 8°.; et dans *Poems of Walter Mapes*, publiés pour la *Camden Society*, par le favant Thomas Wright.

[2] *Pafquillorum Tomi duo, quorum primo verfibus et rhythmis, altero folutâ oratione confcripta quam plurima continentur ad exbilarandum, &c.* Eleutheropoli, 1544, in 8°.

Voici une violente fatire contre
l'avarice des Papes :

" *Evangelium fecundum Pafquillum.*

" In illo tempore dixit Papa rapax
" Cardinalibus fuis : cum venerit
" filius hominis ad fedem Majeftatis
" noftræ, dicat hoftiarius illi : Amice,
" ad quid venifti ? et fi perfeveraverit
" pulfans, nihil dans, Projicite eum
" in tenebras exteriores, ligatis pedi-
" bus et manibus. Cardinales vero
" dixerunt ei : Magifter, quid faci-
" endo poffidebimus pecuniam ? Ille
" verò refpondit : In lege fcriptum
" eft : Diligite aurum et argentum
" ex toto corde veftro, et ex totâ
" animâ veftrâ, et pecuniam, ficut
" vofmetipfos. Hoc facite et vivatis.
" Hoc enim mandatum do vobis, ut
" quemadmodum ego facio, fic et
" vos faciatis. Tunc venit ad curiam
" quidam clericus valde pauper qui
" oppreffus ab epifcopo fuo erat.

" Non poterat intrare ad Papam
" quia pauperrimus. Tunc hoftiarii
" percufferunt eum, dicentes : Vade
" retro, Sathanas, quoniam non fapis
" quia pauper es, non licet enim in
" confpectu Dei noftri Papæ quem-
" quam vacuum apparere. . . . .
" Tunc venit paulopoft quidam
" Epifcopus Symoniacus, impingna-
" tus, qui per feditionem homicidium
" fecerat, et erat valdè dives. Car-
" dinales autem clamaverunt cum
" viderunt eum, dicentes : Benedic-
" tus qui venit in nomine auri et
" argenti. Tunc epifcopus ille apertis
" thefauris fuis, primò hoftiariis,
" fecundò Cardinalibus munera pre-
" tiofa et veftes pretiofas obtulit, et
" camerariis et Cancellariis, et arbi-
" trati funt quod plus effent accep-
" turi. At ille volens fe juftificare,
" dedit decem talenta. Audiens hoc
" Papa qui ad mortem infirmabatur,
" lætatus eft valdè, et converfus ad

" Cardinales, ait illis : Amen, amen,
" dico vobis, non inveni tantam
" fidem in Ifrael et omni Judæâ.
" Tranfit Epifcopus primam et fe-
" cundam cuftodiam, et venit ad
" portam quæ ultrò aperta eft illi.
" Videns autem quod Papa infirma-
" batur ad mortem, ad lectum ejus
" aurum et argentum mifit, et ftatim
" liberatus eft homo, et Papa fur-
" gens dedit gloriam auro et argento,
" et ofculatus eft eum, dicens : Benè
" hùc venifti. Cardinales vero una-
" nimiter et concorditer dixerunt :
" Verè hic homo juftus eft ; et Papa
" refpondit : Si quid petierit in no-
" mine auri et argenti, fiat ei.
" Tunc Papa fedens pro tribunali
" in loco qui dicitur *Philargaritha*,
" quod eft interpretatum *Avaritia*,
" dicebat Cardinalibus fuis : Beati
" donantes et qui poffedunt pecu-
" niam, quoniam ipforum eft Curia
" Romana ; et qui non habet in-

" duatur confusione et sit vobis sicut
" Ethnicus et Publicanas. Expedit
" enim ei ut mola asinaria suspen-
" datur ad collum ejus et projiciatur
" ad profundum maris. Et iterùm
" videte ne quis vos seducat : qui-
" cumque vult pecuniam dare, ad nos
" eum introducite, et qui eam habet,
" obtinebit quodcumque petit, et qui
" non habet, anathema sit. Cardi-
" nales autem dixerunt : Hæc omnia
" servabimus totâ virtute nostrâ.
" Audiens hoc Papa, miratus est valde
" dicens : Amen, amen, dico vobis,
" non memini tantam fidem in
" Hierusalem, quantam in vobis.
" Hoc autem facite in auri comme-
" morationem. Exemplum enim re-
" linquo vobis ut quemadmodum ego
" facio, sic et vos faciatis et rapiatis." [1]

---

[1] Cette parodie a été également insérée par
Edel. Du Méril dans ses *Poésies populaires
latines antérieures au XII^{ieme} siècle*, mais d'après
un texte moins complet que le nôtre.

Des parodies du même genre
fe trouvent dans divers recueils. En
voici une fur le généalogie du Pape.

" Liber generationis Antichrifti
" filii diaboli. Diabolus genuit Pa-
" pam, Papa verò genuit Bullam ;
" Bulla verò genuit Ceram ; deindè
" Cera genuit Plumbum, Plumbum
" verò Indulgentium, &c.

" Invidia verò genuit tumultum
" rufticorum, in quo revelatus eft
" filius Iniquitatis qui vocatur Anti-
" chriftus."

La langue françaife fut employée
de bonne heure à ces fortes de parodies. Ainfi nous avons le *Pater-
nofter de l'ufurier*, celui du vin, de
l'amour, &c., le *credo du Ribaud*, &c.[1]

Aux 13ième et 14ième fiècles les

---

[1] Au 9ième vol. du *Recueil des Poéfies Françaifes
des XV et XVIième fiècles*, par Anatole de Mon-
taiglon, Paris, 1865, in 12°, fe trouve une
chanfon parodie du *Pater* et de *l'Ave*, et au
7ième vol. un *Noël* fatirique qui parodie les
formes de la Meffe.

chanfons de Geftes, cette forme primitive de l'Epopée, commencèrent à faire fentir leur monotonie. On finit par s'en laffer, et l'oppofition populaire contre la chevalerie, grandiffant de jour en jour, bientôt parurent la véritable Parodie, et les traveftiffements de ces poèmes, œuvres de l'efprit enthoufiafte et guerrier.

Sous le titre de *Dit d'aventure*, nous trouvons au 13ième fiècle un pendant à *l'hiftoire véritable* de Lucien.

Dans une de ces forêts enchantées dont le defcription eft calquée d'une façon ridicule fur celle des épopées, cinq brigands frappent le héros, de leurs épées et de leurs poignards, mais fans le bleffer, et le laiffent attaché à un arbre. Puis une louve avec fes douze louveteaux, le délie, et ne lui fait aucun mal. Traverfant enfuite une profonde rivière, fur une étroite planche, il tombe, et lorfqu'il a fait trois ou quatre lieues

dans le courant, il fe trouve arrêté
dans une naffe de pêcheur. Celui-
ci meurt d'effroi, en voyant notre
héros s'élancer fur la rive. Une
horrible tempête éclate alors, et vomit
fur la terre un monftre qui faifit le
voyageur par la tête, et l'avale auffi
facilement qu'il eut fait une fouris
morte, ou une alouette. Un grand
taureau fauvage perce le monftre
d'un coup de corne qui pénètre jufqu'en fes entrailles, et atteint même
légèrement l'épaule du véridique
voyageur, encore enfermé dans cette
affreufe prifon. Après avoir exprimé la joie de pouvoir enfin refpirer,
le narrateur fe refufe, dit-il, à pour-
fuivre fon incroyable hiftoire parcequ'il craint de paffer pour menteur.[1]

[1] Les volumes 23 et 24 de la continuation
de *l'Hiftoire Littéraire de la France* citent
plufieurs de ces parodies. Un plus long
poème que le précèdent, celui d'*Audigier*
parodie d'une manière plus directe encore et
plus outrageante les romans d'aventures, les

7

Dès le treizième siècle paraît la parodie politique auffi bien que la parodie littéraire. Deux pièces en vers français parodient affez gaiement

combats et les amours des Paladins, et les vieux récits, à la gloire des héros de Charlemagne et d'Arthur.

L'auteur commence par nous faire connaître les père et mère d'Audigier. Le comte *Turgibus* fon père, à la chair jaune, pâle et bouffie, au col grèle et long, comme celui d'une autruche, grand homme de guerre, qui perce avec fa lance les aîles d'un papillon ; auprès de lui, fon aimable moitié, Rainberge qui était borgne et teigneufe ; enfin Audigier qui eft un type achevé de laideur, de maladreffe et de groffièreté. Une âneffe, une vieille chienne et une chatte borgne, annoncent par un terrible vacarme la gloire future du héros. Il eft armé chevalier et vient effayer la force de fon bras contre une vieille mégère du voifinage, efcortée de fes trois filles, antithèfe vivante des trois grâces. Le pauvre Audigier eft battu, emprifonné et n'échappe qu'après une honteufe punition. L'intention du parodifte eft d'autant plus précife qu'il reproduit exactement les longs couplets monotones des anciens poèmes, leurs répétitions de détails, la forme des vers, &c.

les traités conclus par Philippe Augufte et Louis XI., avec les comtes
de Bretagne.

Une autre morceau en profe : *La
charte de la paix aux Anglais,* donne
la parodie des proclamations à fon de
trompes, à laquelle s'amufaient parfois les jongleurs, pour faire rire le
peuple, immédiatement après la pro-
clamation des hérauts d'armes.

Vers cette époque parut auffi le
Pfautier de Marie qui tient à la
fois de la parodie et du centon.
Il a été attribué à Saint Bonaventure, dit le *doEteur Seraphique,*
général de l'ordre de St. François,
mort en 1274; mais l'idée qui pré-
fide à ces modifications femble trop
profane pour qu'elle entre dans l'efprit

Le nom d'*Audigier* refte populaire au moyen
âge, comme une injure à l'adreffe des gentilshommes dégénérés.

Voir *La Satire en France au moyen âge,*
par C. Lenient. Paris, 1859. 1 vol. 8°.
page 132.

d'un savant théologien, aussi grave que Saint Bonaventure.[1]   C'est une version de quelques pseaumes de David, où, comme dans le *Petrarca Christianus* de Hieronyme Maripetro, on substitue le nom de Marie à celui du seigneur.

Certaines Hymnes et Cantiques de l'Eglise ont également été changés, ainsi que le *Credo* d'Athanase et le chant des trois enfants dans la fournaise.

Voici une parodie d'un hymne à la Vierge d'après un manuscrit du XIVième siècle.

> Ave, color vini clari,
> Ave, sapor sine pari,
> Tuâ nos inebriari
>   Digneris potentiâ.
>
> Ave, felix creatura
> Quam produxit vitis pura;

---

[1] C'est probablement parcequ'il fut un grand propagateur du culte de la Vierge, qu'on inféra ce pseaume dans l'édition de ses ouvrages en sept volumes, sans que l'éditeur s'aperçut de l'inconvenance de cette pièce.

Omnis menſa fit ſecura
In tuâ preſentiâ.

Felix venter quem intrabis,
Felix lingua quam rigabis,
Felix os quod tu lavabis
Et beata labia !

Il y a trois verſions de cette parodie, écrites à des époques diverſes,
dans trois pays différents, preuve de
la grande popularité dont jouiſſaient
ces parodies. Edel. Du Méril, dans
ſes recueils de poéſies populaires latines du moyen âge, cite pluſieurs
pièces de ce genre, entr'autres une
parodie bachique du pſaume xcv,
en Allemand et en Latin, publiée
d'après un manuſcrit du XVième ſiècle,
dans le *Liederſaal* de M. Von Laſs-
berg (liv. 2, p. 677).

Peut-être la plus célèbre de toutes
les parodies latines de ces temps, eſt
L'Apocalypſis Goliæ Epiſcopi, ainſi
nommé par alluſion à l'Apocalypſe
de Saint Jean, parceque le poète ſe

représente comme enlevé au ciel dans une vision, et révélant les vices des différentes claffes du clergé, en place des deftinées de l'Eglife du Chrift. Cette pièce fut imprimée dès l'origine de l'invention de l'imprimerie.

Déjà au treizième fiècle, cette coutume de parodier devait avoir été bien loin, puifque le Concile de Trèves fit défenfe aux clercs et aux étudiants de parodier certaines parties de la meffe.[1] Pour bien comprendre les développements que prit la Parodie durant les fiècles qui précédèrent la Renaiffance, il faut furtout avoir recours aux *Carmina Burana*,[2] aux

---

[1] Item, præcipimus ut omnes facerdotes non permittant Trutannos et alios vagos fcholares, aut Goliardos cantare verfus fuper *Sanctus* et *Angelus Dei*, in miffis, &c. Apud Marten. et Durand. Ampliff. Coll. VII. col. 117.

[2] Ce recueil, devenu rare, fut publié en un volume in 8°. à Stuttgard, par le fociété lit-

ouvrages du favant Anglais Thomas
Wright,[1] et à ceux d'Edel. Du Méril déjà cités.

La poéfie fatirique du moyen
âge finit avec Villon, et s'éteignit
triftement au fein d'un épais
matérialifme, dit à jufte titre *C.
Lenient ;*[2] la profe au contraire prend
une plus vive et plus fraîche al-
lure; mais nous n'y trouvons guère
de parodies, car on ne peut regarder
comme tels les paffages même les
plus burlefques des fermons de
Menot, de Raulin et de Maillard.[3]

---

téraire de cette ville, en 1847, d'après un
manufcript de Munich du XIIIième fiècle, qui
provenait d'une abbaye de Bénédictins en
Bavière.

[1] *The Latin Poems commonly attributed to
Walter Mapes,* collected and edited by Tho.
Wright. Londres, 1841. *Reliquiæ Antiquæ.*
Scraps from ancient manufcripts, &c. London,
1841, deux vol. 8°. Tome 2ième page 208.

[2] *La Satire en France au Moyen Age,*
chapitre 19.

[3] M. Geruzez a même cherché a établir

Il n'y a pas lieu de s'étonner que la mordante satire seule ait occupé tout le terrain, à l'exclusion de la parodie, plus joviale de sa nature, car la Réforme approchait ; on était à la veille d'un grand déchirement social et religieux. Pour retrouver la parodie, il faut aller jusqu'au siècle de Rabelais, c'est à dire, jusqu'à la naissance des temps modernes.

La dernière moitié du quinzième siècle fut l'époque où les formes de la littérature du moyen âge, si nous pouvons nous exprimer ainsi, changèrent, pour mieux s'adapter à un nouvel état social.

La tourmente qui agita le seizième siècle, dès son commencement, fut très favorable au développement de la satire, et l'on pourrait peut-être considérer comme d'excellentes paro-

dans ses *Etudes Littéraires* que c'étaient de graves et sérieux théologiens, dont quelques passages sont dignes de Bossuet.

dies les *Litteræ obfcurorum virorum* et quelques paffages de la *Satyre Ménippée ;* mais nous nous en tien-drons aux pièces qui rentrent plus fpécialement dans la définition de la parodie que nous avons donnée au commencement de cet effai.

Elle fut employée en profe et en vers, dans un petit volume affez rare, et rempli de détails fcandaleux fur les Papes, intitulé : " Le Syndicat " du Pape Alexandre VII. avec fon " voyage en l'autre monde." [1]

On y trouve entr'autres, quelques verfets des pfaumes adaptés, d'une façon fatirique, à Meffeigneurs les Cardinaux.

Plufieurs des anciens auteurs latins ont été parodiés aux 16ième et 17ième fiècle ; mais nul ne l'a été auffi fréquemment que Catulle, au point que plus d'une fois, on a réuni ces

[1] 1669. Elzevier. Attribué avec grande vrai-femblance à Greg. Leti.

parodies en un volume. Nous commencerons donc par donner ici tout ce que nous avons à dire fur ce fujet.

Mr. Noël, dans fes notes fur le *Phafelus* de Catulle, cite la collection de parodies latines, fur diverfes pièces de ce poète, par *Sixte Octavien*, et publiée deux fois, à Lyon en 1593, et à York en 1579. Il en donne une courte analyfe, et comme les deux volumes du Catulle de Noël fe trouvent facilement, nous nous contenterons d'y renvoyer. *Fabricius*, dans fa *Bibliotheca Latina*,[1] parle d'une collection beaucoup plus confidérable que celle de *Sixte Octavien*. C'eft celle qu'*André Senftlebius* a mife à la fuite d'un commentaire fur la pièce dont il s'agit, et où les parodies font au nombre de plus de cinquante.

Parmi les parodies oubliées par Noël, s'en trouve une à la page

[1] Edition Erneft. t. 1, p. 98.

312 des *Gilberti Jonini Epigram-
mata,*[1] et une autre par le Dr. *Petit
Radel*, dans fes *Amours de Pancharis*,[2]
ainfi que celle d'Ifaac Pontanus,
intitulée *Parodia Catulliana*.[3]

Le recueil de *Senftlebius* a, de fon
côté, oublié une pièce dont voici le
titre : *In Juftum Lipfium graviffimo
et periculofiffimo morbo laborantem, Fr.
Nantii parodia*.[4]

Il eft permis de s'étonner que
Noël, curieux chercheur comme il
l'était *talium deliciarum*, n'ait point
connu la compilation de *A. Senftlebius*, auffi bien que le recueil de
Sixte Octavien dont il avait fous
les yeux les deux éditions, car il
remarque que la deuxième eft aug-
mentée de deux parodies. " Mes

---

[1] Lugduni, 1634, in 12°.
[2] De Amoribus Pancharitis et Zoroæ.
[3] Page 19 de fes *Poematum* Libri VI.
Amftelod. Janffon, 1634, in 12°.
[4] Lugd. Batav. 1588, in 8°.

" recherches, ajoute-t-il, m'en ont
" fait découvrir plusieurs autres," et
il en signale treize que ses devanciers
avaient négligé de recueillir, ou peut-
être ignorées.

Il y avait toutefois de quoi allon-
ger beaucoup le supplement dû à
l'estimable traducteur de Catulle.
Par exemple il ne cite nulle part un
seul hémistiche du *P. Bern. Stefonio.*[1]
Ce Jesuite a parodié trois fois le
Phaselus. Une des pièces est sur
l'Enfant Jésus dans la crèche, et les
deux autres en l'honneur de Saint
Louis de Gonzague.

Signalons aussi *Henelius von Hem-
feld* qui donna cinquante parodies de
divers auteurs, sur le *Phaselus.*[2]

Comme *Juste Lipse, Tobie Scultet*

---

[1] Ce même poète a également parodié le
Carmen ad Dianam, dont il a fait une hymne
au Christ.

[2] Phaselus Catulli et ad eundem parodiarum
a diversis auctoribus scriptarum, decades quin-
que. Lipsiæ, 1642; in 8°.

s'eft fait parodifte de *Catulle,* pour
célébrer le Philofophe *Sénèque,* qu'il
appelle *le Platon des Romains.*

Avant lui le Cardinal Jérôme
Aléandre avait pris pour objet d'un
femblable hommage, le favant *J. B.
Guarini :*

> Guarinus ille quem videtis Cœlites
> Fuiffe fertur omnium vatum optimus, &c.

Aucune peut-être des nombreufes
parodies du *Phafelus* n'eft plus
piquante que la métamorphofe en
toupie du jeune *Alcon,* jadis docile
amant d'une beauté capricieufe :

> Turbo rotari quem videtis offeus,
> Sonante lori qui flagello flexilis
> Gyros adactus implicat volubiles, &c.

Les jolies pièces *Ad pafferem Lefbiæ*
et *Luctus in morte pafferis,* ont auffi
donné lieu a plus d'une parodie.
Celle de *Meliffus,* poète latin de
l'Allemagne, a pour objet une

planche de navire à l'aide de laquelle il avait échappé à un naufrage.

Scevole Sainte Marthe a eu la bizarre idée de parodier Catulle, comme Martial aurait pu le faire dans ses épigrammes libres.

Noël cite la pièce.

Le poète Maynard a aussi composé plusieurs parodies sur les vers *ad Lesbiam*, dont une très licencieuse.

Au nombre des recueils qui renferment des Parodies de Catulle, n'oublions pas les Parodies déjà citées d'Henri Etienne, qui en a composé lui-même une très plaisante sur la mort d'un ivrogne :

Lugete, o calices, Cupedinesque
Et quantum est hominum bibaciorum,
Vester mortuus est sodalis ille,
Quem plus quisque oculis suis amabat,
Nam rex vester erat, suumque norat
Bacchum tam bene quam puella matrem.
Nec sese a Bromio suo movebat,
Sed circumspiciens modò hùc, modò illùc
Ad sola illius arma gestiebat.
Qui nunc it per iter siticulosum,

Illuc vina negant ubi videri.
At vobis bene fit bonæ tenebræ
Orci, quæ hæc citò monftra devoraftis :
Tam fœdum barathrum meri abftuliftis,
O faƈtum bonum, o bonæ tenebræ !

Si, entre les poètes latins, Catulle a eu le plus grand nombre d'écrivains, dans les temps modernes, qui l'aient parodié, Horace, comme poète lyrique, a particulièrement attiré leur attention, et trois pièces ont été fpécialement pour eux, l'objet ou l'occafion d'une efpèce de concours d'imitateurs-parodiftes.

Ce font les odes :

1°. Donec gratus eram tibi, &c.
2°. Quem tu, Melpomene, femel, &c.

Ces deux bijoux adorés de Scaliger, et

3°. Beatus ille qui procul negotiis, &c.

Le dialogue d'Horace et de Lydie a été parodié à l'envi, tantôt par de pieux afcètes, tantôt par de joyeux buveurs.

Le favant *David Hopp*,[1] invité a faire une épithalame, a la fingulière idée de mettre en fcène Ifaac Halbach, diacre Luthérien, s'entretenant, à la veille d'un fecond mariage, avec l'époufe qu'il a perdue et à laquelle il a voué d'éternels regrets.

Plus loin, il fait une longue parodie de la première fatire de Juvénal ; bizarre compofition où il déclame contre l'infubordination de la jeuneffe, et l'abufive condefcendance des pères de famille, double caufe de mifère pour les inftituteurs. Il s'écrie :

Semper ego afpiciam tantum, nunquamne
        reponam
Vexatus toties pravæ improbitate juventæ ? . . .

Cela ne l'empêche pas, par une quafi-palinodie de s'infpirer d'Horace pour vanter la vie d'inftituteur dans une épode intitulée *Commendatio Vitæ Scholaflicæ* :

[1] *Parodiæ Horatianæ.*

Beatus ille qui procul negotiis
Ut doɛta gens ſcholarium,
. . . . . . Juvat
Videre doɛtos ſedulam pubem libros
Studio legentem fervido. . . .

Dans une autre de ſes parodies *David Hopp*, au lieu de célébrer le pouvoir de l'auguſte Melpomène, s'adreſſe, en débutant, à Tiſiphone, pour arriver à dire que le ſang d'un fait homme Dieu nous a affranchis de ſa jalouſe tyrannie.

Par un caprice non moins tudeſque, *H. Meibom* intitule ſon imitation-parodie : *Ad Barbariem*, et comme de raiſon, il la maudit, et il plaint ceux qu'elle ſoumet à ſon pouvoir :

Quem tu, Barbaries, ſemel
Naſcentem Stygio flumine merſeris. . . . .

Plus loin, il fera converſer Jehovah avec Iſraël, *De fœderis renovatione*.

Le Jéſuite *Sanadon*, auteur de quatre livres de poéſies latines remarquables par leur élégance, fait

9

devifer un certain Lygdamus, ruiné par fes excès bachiques, avec la dive bouteille, *Cum beatâ amphorâ.*

Matthias Siegenbeeck, auteur d'un éloge hiftorique de *Jean Douza,* y a inféré, comme fpecimen du talent poétique de *Luc Fruyters,* (Lucas Fruterius,) une ode dialoguée en fix ftrophes, dont voici le début.

Fruterius.

Donec carus ero tibi
Nec quifquam genii munera Douzici
Majori obfequio colet,
Vivam Cæfareâ forte beatior.

Douza.

Donec Fruterius mihi
Det notas animi delicias fui,
Me non alterius trahet
Ignotufque novufque in fua jura amor.

H. Etienne a auffi inféré cette jolie pièce dans fes *Parodiæ Morales.* *Jean Morel,*[1] de Rheims, aime

---

[1] Johannis Morelli Lyra plectri Horatiani æmula. Paris, 1618.

mieux apoftropher Melpomène, à l'exemple d'Horace, et il la remercie des faveurs dont elle a comblé fon ami N. Darone, profeffeur en l'Univerfité de Paris. La poftérité ne s'en doute guère ! Il prend auffi à tâche de faire préconifer, par l'ami de Mécène et de Lalagé, le bonheur que procure *Sacrum theologiæ ftudium :*

> Beatus ille qui procul negotiis
>   Curifque tot mordacibus
> Quæ cogitata noftra nobis invident.

Claude Perry,[1] Jéfuite Chalonnais, un peu mieux infpiré, invoque en meilleurs vers, la mère de l'homme Dieu :

> Quem tu, Diva potens, femel
> Materno tepidum pectore foveris. . . . .

Cafim. Sarbievius (Sarbiewfki) dans l'ode 3ième de fon livre d'Epodes,

---

[1] Claudii Perry, Poefis Pindarica. Lyon, 1653.

vante les douceurs *Otii religiosi,* et les agréments d'une campagne que possédaient les Jésuites à Vilna, en reprochant à Horace de n'avoir pas eu une idée exacte de l'homme heureux :

> At ille, Flacce, nunc erit beatior
> 　Qui mole curarum procul
> Paterna liquit rura. . . . .

Le même auteur a aussi parodié en quelques strophes l'ode à Diane :

> Dianam teneræ dicite Virgines,

en consacrant la pièce à la mère du Sauveur.

Le père *Albert Ines,* compatriote et confrère du poète précédent, a publié un volume d'odes latines; où sept d'entr'elles, qualifiées *parodies,* composent une heptalogie intitulée *Horologium Marianum.* On y remarque surtout l'ode 35ième ayant pour titre : *Religiosæ Augusti Feriæ,* qui est à la fois la parodie de la 2ième

Epode d'Horace, et le pendant de
celle que *Sarbievius* en a donnée :

> Ille, ille, Flacce, nunc erit beatior
>   Qui ruris exul patrii
> Id omne calcat quod pedum plebis minor
>   Pronis adorat frontibus.

Du refte, pour le pieux Loyolite
de Vilna, ce n'eft pas tout de jouter,
dans la poéfie lyrique, avec Horace.
Il s'eft propofé de montrer la Mufe
de l'épigramme, alliant la décence à
l'enjouement et à la fineffe, et dans
un volume d'épigrammes publié à
Amfterdam, en 1676, il a femé des
parodies de divers écrivains en ce
genre. Il a foin d'en avertir le
lecteur dans fon *Proœmium.*

N'omettons pas ici un Jéfuite
Italien, qui, par l'élévation et la
foupleffe de fon talent, comme par
la pureté et la vigueur de fon ftyle,
laiffe bien au deffous de lui, l'auteur
de l'*Horologium Marianum ;* nous
voulons parler du *P. Bern. Stefonio,*

dont nous avons fait connaître les piquantes Macaronées.[1]

On trouve dans ses *Opera posthuma*, Rome, 1656, trois parodies Horaciennes, outre deux parodies du *Phaselus* de Catulle, et deux autres de Martial :

Si memini fuerant tibi quattuor Ælia dentes,

et

Verona docti syllabas amat vatis.

Une place honorable peut être donnée au *P. Jean Commire*, Tourangeau, dans la catégorie qui nous occupe, car il a parodié très élégamment, outre le *Phaselus* de Catulle, une pièce de *Scaliger*, où Genève, Calvin et la Réforme sont l'objet d'éloges qu'un Catholique comme

---

[1] *Macaroneana*, ou Mélanges de littérature Macaronique des différents peuples de l'Europe. Paris, 1852, 1 vol. 8°. p. 113.

La très rare Macaronée de Bern. Stefonio *Macharonis-Forza* a été récemment réimprimée à Paris.

lui, ne pouvait accueillir fans pro-
teftations.[1]

Après Catulle et Horace qui excitèrent la verve des parodiftes, Martial tient la troifième place, par les
élucubrations du Jéfuite Allemand
Joh. Burmeifter, dans fes *Martialis
parodiæ Sacræ*, (Gaflob. 1613, in 12º.)

Le 17ième fiècle nous a légué plufieurs ouvrages dont les titres pour-
raient faire fuppofer qu'ils contiennent des parodies, des paftiches ou
des centons. Entr'autres les Bibliographes indiquent un *Virgilius Chriftianus* de L. Lebrun, autre que les
deux que nous avons fait connaître
dans notre *Centoniana ;*[2] un *Ovidius*

[1] En nous arrêtant ici dans l'énumération
des parodiftes d'Horace, faifons toutefois mention d'un recueil très rare que nous n'avons pu
nous procurer, pour voir s'il ne contenait pas
quelques parodies, ce font *Les Odes d'Horace,
en vers burlefques*, (par Beys, fuivant La Mon-
noye,) Paris, F. Quinet, 1652, in 8º.

[2] Revue analytique des ouvrages écrits en
centons, depuis les temps anciens, jufqu'au

Chriftianus, un *Terentius Chriftianus*, un *Seneca Chriftianus*, &c. Mais ces livres ne rentrent dans aucune des trois catégories.

Il faut excepter toutefois l'*Anacreon Latinus*,[1] de *Taubmann*, qui renferme deux ou trois parodies Anacréontiques, entr'autres de la 28ième et de la 29ième odes du poète de Téos.

Taubmann, buveur infigne, eft d'ailleurs un des poètes latins les plus notables de la fin du 16ième fiècle. Il a confervé une grande réputation en Allemagne.

Il a imité le rythme et la cadence des vers du poète grec dans la pièce indiquée ci-deffus, dont nous ne citerons que quelques vers des moins colorés. C'eft un épithalame

19ième fiècle. 1 vol. in 8°. Londres, Trübner and Co. 1868.

[1] Il fait partie des *Schediafmata poetica* de Frederic Taubmann, Impenfis Zachariæ Schüreri, anno 1619, gros in 8°. de 852 pages, avec des *Poftuma Schediafmata*, de 223 pages.

adreſſé à ſon ami Jean Nienborg,
de Dreſde :

> Age, pictor erudite,
> Depinge mi puellam ;
> Primoque mollicellum,
> Dein et nigrum capillum,
> Nigroque ſub capillo
> Genis ab uſque primis
> Frontem fac illi eburnam.
> At ignis inſtar ejus
> Sit fulgurans ocellus ;
> Et glaucus, ut Minervæ,
> Et pætus ut Cytheres, &c.

Ce morceau de 172 vers, eſt le
plus vif des dix que renferme cette
imitation d'Anacréon, où une ou
deux autres pièces peuvent paſſer
pour des parodies.

Tout le monde connaît la collec-
tion de ſatires publiée par M. de
Sallengre ſous le titre d' *Hiſtoire de
Pierre de Montmaur.*

Elle renferme pluſieurs des meilleures parodies latines qui exiſtent.

" Ce *Montmaur* était," dit *Fure-*

10

tière,[1] " un fameux pedant de ces
" derniers temps, qui était hableur,
" écornifleur et ignorant."

Ce profeffeur de langue grecque,
au collège royal à Paris, fous le
règne de Louis XIII, n'était pas à
beaucoup près auffi méprifable qu'on
le repréfente, dit Bayle, dans fon
Dictionnaire. Sa vanité et fa glou-
tonnerie le rendirent infupportable.
Juvénal femblait avoir écrit pour
lui :

> . . . rarum et memorabile magni
> Gutturis exemplum.

Auffi la fatire imagina-t-elle de le
changer en marmite. On y rencontre ces deux vers affez finguliers :

> Son colet de pourpoint s'étend, et forme un
> cercle,
> Son chapeau de docteur s'aplattit en cou-
> vercle.

---

[1] Nouvelle Allégorique, ou hiftoire des
derniers troubles arrivés au royaume d'élo-
quence.

Les deux feules rimes de cette efpèce, et qui femblaient ne devoir jamais fe rencontrer.

Ce fut Ménage, ajoute le *Vale-fiana,* qui fonna pour ainfi dire le tocfin contre lui, en exhortant par une épigramme tous les favants à prendre les armes contre cet ennemi commun.

Auffi fut-ce *Ménage* qui publia les plus plaifantes parodies contre Montmaur. Voici d'abord celle fur la mort du cheval du parafite :[1]

> Lugete, o *Seguerique, Memmiique,*
> Et quantum eft hominum elegantiorum !
> Equus mortuus eft mei fodalis,
> Equus divitiæ mei fodalis,
> Quem plus ille fuis libris amabat.
> Nam frugalis erat magis Cleanthe,

---

[1] Dans *Vita Gargilii Mamurræ parafito-pædagogi.* Ménage n'avait que 24 ans quand il compofa cette pièce, qui peut être confidérée comme un chef-d'œuvre en ce genre, s'ac-corde-t-on à dire. L'érudition et l'efprit y marchent d'un pas égal. Voir *Ægidii Menagii Poemata,* Paris, 1680, 12°.

Nec toto decies edebat anno,
Contentus paleifque, carduifque.
Nam manfuetus erat; fuumque norat
Herum tam bene noffe quam Philippi
Gnatum Bucephalon ferunt volucrem.

.   .   .   .   .   .

Ménage revient encore à la charge,
et au milieu de plufieurs vers et
épigrammes grecques et latines fort
ingénieufes, parodie comme fuit
l'épitre de Catulle *Ad Seipfum :* [1]

Mifelle Macro, definas ineptire,
Et quod vides periffe perditum ducas,
Quondam adfuifti fplendidis quidem cœnis,
Cum ventitabas quo *Vacerra* ducebat,
Nobis amatus quantum amabitur nullus.
Ibi illa multa tam jocofa dicebas,
Quæ tu volebas, nec *Vacerra* nolebat.
Pinguiffimas ibi dapes liguribas;
Ibi hauriebas copiofius vinum.
Quondam adfuifti fplendidis quidem cœnis,
Nunc jam ille non vult, et tu inepte jam nolis,
Nec qui fugat fectare, nec mifer vive,
Sed obftinatâ mente perfer, obdura. [2]

.   .   .   .

---

[1] In Gargilium Macronem. A la fuite de
la Métamorphofe de Montmaur en perroquet.

[2] M. Féramus, dans un poème contre Mont-

Nous mettrons fin aux parodies des deux volumes de *Sallengre*, par une profe funèbre rimée faite à l'exemple de celles qu'on chante dans les Eglifes Catholiques, aux meffes des morts.

Nænia inconditum carmen in funere parafiti Becodiani decantata.

Dies illa, dies iræ,
Quæ Gommaurum juffit ire
Intra lacum mortis diræ.

Urbs tamen, gens, atque regnum
Lætitiæ dedit fignum,
Lacrymis cenfens indignum.

Soli gemunt Comedones,
Popinones et Lurcones
Defuncti commilitones.

Literarum Mater pia
Quem jam non videt in via,
Dum vult flere, nefcit quia.

---

maur, fuppofe en divers endroits, que le Chancelier avait interdit fa maifon au profeffeur.

Qui culinas adoravit
Et ad dapes advolavit,
Ut musca vitam explevit.

Deux des plus singulières parodies du Moineau de Lesbie, sont celles de E. Pasquier et de Joseph Scaliger, imprimées dans le volume très rare intitulé : *La Puce de Madame Desroches, &c. composé par plusieurs doctes personnages aux grands jours tenus à Poictiers, l'an* 1579.[1]

Voici ce que rapportent les Bibliographes à ce sujet. Pendant la tenue des grands jours à Poictiers, les plus considérables personnages de la Magistrature se réunissaient chez les Dames *Desroches,* mère et fille, la fleur et l'ornement du pays Poitevin, toutes deux remarquables par leur vertus, leurs talents et leur beauté. Un soir qu'on y causait poésie et galanterie, comme à l'ordinaire, Etienne Pas-

[1] Paris, Abel L'Angelier, 1584, in 4°.

quier,[1] alors avocat au Parlement, aperçut une puce fur le fein de Mademoifelle Defroches, et là fit remarquer à la jeune dame qui en rit beaucoup. Le lendemain elle et Pafquier apportèrent chacun une petite pièce de vers fur l'accident de la veille. Dès ce moment ce fut à qui célèbrerait la puce de Mademoifelle Defroches.

Ces favants élèves de *Cujas*, ces vertueux fénateurs, Achille de Harlay et Barnabé Briffon à leur tête, fe mirent en frais de gentilleffe, et placèrent à l'envi la puce bienheureufe au deffus du Moineau de Lefbie et de la Colombe de Bathylle.

Rapin, Pafferat, Pierre Pithou, Scevole de Sainte Marthe, Jofeph

---

[1] Au 6ième livre des *Lettres d'Etienne Pafquier*, il s'en trouve une adreffée à M. Pithou, fieur de Savoye, *advocat en la cour de Parlement de Paris*, dans laquelle il explique tout au long les motifs qui amenèrent les compofitions de ces poèmes.

Scaliger, Odet Turnèbe prirent part au divertiffement. Quelques uns pour varier la fête, joignirent aux vers français et latins, des vers grecs, efpagnols et italiens.

Ce qui étonne le plus dans ce recueil, dont les pièces furent lues aux Dames *Defroches*, et où fe trouvent plufieurs de leurs réponfes aux compliments de nos poètes, c'eft la licence d'idées et d'expreffions qu'on y remarque.[1]

Etienne Pafquier commence par une parodie en français du moineau de Lefbie, dont il eft difficile de préfenter des extraits fans gâter la naïveté de l'enfemble. Voici le commencement de la Parodie de Jofeph Scaliger :

Pulicelle niger, Nigelle Pulex,
Incitatior hædulis petulcis,

---

[1] Voir un intéreffant article dont nous avons profité, dans les *Caufaries d'un Curieux*, par F. Feuillet de Conches, 3 vol. in 8°, Paris, 1862, tome Ier, p. 395.

Delicatior hinnulis tenellis
Docti paffere nequior Catulli,
Stellæ blandior albula Columba:
Qua te profequar aureâ Camœnâ?
Quo te nomine prædicem, O beate
Pulex pumile, pumilille pulex?
An quod, cum lubet os meæ puellæ
Tuo purpureo ore fuaviaris;
Mihi cum libet, os meæ puellæ
Meo non licet ore fuaviari.
An quod cum fubiit cibi voluptas,
Non in quadriviis, neque angiportis
Plebeos avidus cibos liguris,
Sed in lacteolis latens papillis
Plénus nectaris et fatur recedis.

. . . . . .

An quod legibus omnibus folutus,
Puellaria membra pervagaris,
Ufque Cypridis ad beata regna,
Impunè infinuans amoris almi
Secretis adytis, facrumque limen
Infiftens, quod ab omnibus profanis
Et tangi fcelus, et nefas videri?
Hic tu janitor incubas, et ipfam
Aureæ Veneris tueris aram,[1]
Quam fanctè tibi tradidit tuendam
Et ridens Venus, et puer Cupido.

. . . . . .

---

[1] Mademoifelle Defroches avait probablement les cheveux blonds.

L'avocat *Claude Binet* chanta *L'amour-Puce*, et parodiant *L'amour piqué par une abeille d'Anacréon*, imagina de le faire piquer par la Puce de Mademoiselle Desroches. Dans une suite de dix-sept quatrains intitulés : " Quatrains de Catherine " Desroches aux poètes Chante-" Puce," elle adresse ses remerciments à chacun de ses admirateurs, et annonce la singulière apothéose de la Puce, dans le quatrain suivant :

L'oyseau favorisé de l'archer du tonnerre,
Œilladant cette puce avec un doux regard,
Luy veut prester son dos pour lui servir de
    chart,
Et de ses ailerons mignardement l'enserre.

Joseph Scaliger, que nous avons cité ci-dessus, aimait beaucoup la parodie, et il en a composé plusieurs, une fort bonne entr'autres, du *Phaselus*, contre un mauvais avocat :

Magirus ille quem videtis hospites,
Ait fuisse litigator optimus,

Neque ullius tribunal arduum fori
Nequiffe perfonare, five legibus
Opus foret latrare, five jurgiis.

. . . . . .

Neque ulla vota Curialibus Deis
Sibi effe facta, cum rediret a foro,
Onuftus ære ad ufque propriam domum.
Sed hæc prìus fuêre ; nunc cibaria
Ligurit uncta, feque dedicat tibi
Culina dives, et culina divitis.

Jofeph Scaliger avait eu de bonne heure l'exemple de ce genre de fatire, car fon père Jules Céfar Scaliger, s'amufait auffi à compofer des parodies.[1]

N'oublions pas de citer au nombre des parodiftes de Catulle, le célèbre poète latin du 16ième fiècle, *Daniel Heinfius* qui, imitant le rythme et la cadence des vers du *Phafelus*, a compofé une charmante pièce fur l'âne :

[1] On trouve les unes et les autres dans l'ouvrage de Henri Etienne : *Homeri et Hefiodi certamen, Matronis et aliorum parodiæ,* &c. 1573, in 8vo. ainfi que dans les *Parodiæ Morales* d'Henri Etienne.

Asellus ille, quem videtis, hospites,
Ait fuisse quadrupes pigerrimus &c.

Dans une des nombreuses éditions d'un livre bien connu,[1] à laquelle sont ajoutées différentes pièces facétieuses, on trouve une plaisante parodie de la description que fait Virgile, de la Renommée au 4ième livre de l'Enéide, description appliquée ici à l'ivresse :

Ebrietas vitæque ferox animique tyrannus,
Turpe malum quo non aliud damnosius ullum,
Debilitate manet, vires extirpat eundo.
Parva metu primo, mox sese attollit in artus,
Ingrediturque caput, sensusque obnubilat
    omnes.
Hanc peperit mater, Luxu patre, blanda
    Voluptas,
Extremam (ut perhibent) Veneris Morphique
    sororem,
Infirmam pedibus, plumbumque imitantibus
    alis.

---

[1] *Epistolæ obscurorum virorum &c.* Nova editio. Francofurti ad Mœnum, 1643, in 18°. Cette édition contient encore une pièce très peu commune : *Salomonis et Marcolphi disputationes.*

Monſtrum horrendum, ingens, cui quot ſunt
    corpore plumæ,
Tot putres populæ ſubter, mirabile dictu !
Tot ſomni ſpecies, tot ſunt ſine nomine
    mendæ.
Nocte furit, ſiccoque diem nunquam ore ſa-
    lutat.
Luce ſerit rixas, et magnas commovet urbes,
Tam juris rectique tenax, quam neſcia veri.

Avant le dix-ſeptième ſiécle, les parodies modernes en vers français ſont très rares. Ce fut Malherbe qui fut l'occaſion d'une des meilleures.

Berthelot ami de *Regnier*, ne pouvait pardonner au réformateur du Parnaſſe d'avoir introduit en poéſie des règles qui gênaient ſa pareſſe de poète. *Malherbe* venait d'adreſſer à Madame de *Bellegarde* une pièce où il nommait cette dame *Merveille des Merveilles*. Berthelot la parodia d'une manière aſſez piquante pour que ce poète voulut ſe venger, dit *Ménage*, dans ſon commentaire ſur Malherbe, et il fit donner des coups de bâton au parodiste, par un gentil-homme de Caen.[1]

Pour que le lecteur puisse bien saisir le mordant de cette parodie, il est nécessaire de placer ici trois des strophes de Malherbe :

Qu'autres que vous soient désirées,
Qu'autres que vous soient adorées,
 Cela se peut facilement.
Mais qu'il soit des beautés pareilles
A vous, Merveille des Merveilles,
 Cela ne se peut nullement.

Qu'on serve bien, lorsque l'on pense
En recevoir la récompense,
 Cela se peut facilement.
Mais qu'une autre foi que la mienne
N'espére rien et se maintienne,
 Cela ne se peut nullement.

Qu'autres que moi soient misérables
Par vos rigueurs inexorables,
 Cela se peut facilement.

---

[1] Les poètes que nous venons de nommer appartiennent par leur naissance à la dernière moitié du seizième siècle, mais ici les critiques, en desaccord avec *l'art de vérifier les dates*, placent en général un écrivain au siècle qu'il a illustré par ses écrits.

Mais que la caufe de leurs plaintes
Porte d'auffi vives atteintes,
   Cela ne fe peut nullement.[1]

Berthelot ripofta par fept ftrophes
dont nous en citerons trois :—

   Avoir le cœur tout plein de flâmes,
   Et faire les yeux doux aux dames,
      Cela fe peut facilement,
   Mais de pouvoir en fa vieilleffe
   Jouir d'une belle maîtreffe
      Cela ne fe peut nullement.

   Avoir quatre chauffons de laine,
   Et trois cafaquins de futaine,
      Cela fe peut facilement ;
   Mais de danfer une bourrée
   Sur une dame bien parée,
      Cela ne peut nullement.

   Etre fix ans à faire une ode
   Et faire des lois à fa mode,
      Cela fe peut facilement ;
   Mais de nous charmer les oreilles
   Par la Merveille des Merveilles
      Cela ne fe peut nullement.

---

[1] Cette chanfon eft faite à l'imitation d'une
chanfon Efpagnole qui a un refrain femblable.

C'eft encore une querelle de poètes qui, quelques années plus tard, produifit une des parodies les plus remarquables de la littérature françaife. Elle eft attribuée à *Boileau*, quoique ce fatirique avoue lui-même qu'il n'y prit que bien peu de part. Ce n'était pas toutefois fans raifon qu'on le foupçonnait, car il en voulait aux vers de *Chapelain*, dont il avait déjà parodié des vers de *la Pucelle*. Il avait auffi parodié le commencement d'une ode de *Pindare*, par inimitié contre *Perrault*, mais leur réconciliation l'empêcha d'aller au-delà de la première ftrophe.

Quoiqu'il en foit, voici ce qu'on lit dans une de fes lettres : " J'avoue que " dans la parodie des vers du *Cid* qu'on " m'attribue, il y a quelques traits " qui nous échappèrent à Racine et " à moi, dans une repas que nous " fîmes chez *Furetière*, l'auteur du " Dictionnaire ; mais nous n'en écri-

" vîmes jamais rien ni l'un ni l'autre.
" De forte que c'eft *Furetière* qui eft
" proprement le vrai et l'unique
" auteur de cette parodie, comme il
" ne s'en cachait pas lui-même."

Elle fut compofée en 1664, au
temps auquel le Roi avait com-
mencé à donner des penfions aux
gens de lettres. *Chapelain* en eut
une de trois mille livres, et *Caffaigne*
une moins confidérable. *La Serre*
n'en put point obtenir.[1]

La Serre.

Enfin vous l'emportez, et la faveur du Roi
Vous accable de dons qui n'étaient dus
      qu'à moi,
On voit rouler chez vous tout l'or de la
      Caftille.

---

[1] *Le Chapelain décoiffé* fe compofe de plus
de deux cents vers. Le monologue de Caffaigne, imité de la fcène vii. du premier acte
du *Cid*, eft un petit chef d'œuvre en fon genre.
Madame Defhoulières a auffi parodié cette fcène.
Nous nous contenterons d'y renvoyer ceux
qui feraient curieux de comparer les deux
morceaux.

Chapelain.

Les trois fois mille francs qu'il met dans ma
    famille
Témoignent mon mérite, et font connaître aſſez
Qu'on ne haît pas mes vers, pour être un
    peu forcés.

La Serre.

Pour grands que ſoient les Rois, ils ſont ce
    que nous ſommes,
Et ſe trompent en vers, comme les autres
    hommes,
Et ce choix ſert de preuve à tous les cour-
    tiſans,
Qu'à de méchants auteurs ils font de beaux
    préſents.

Chapelain.

Qui ne les obtient point, ne les mérite pas.

La Serre.

Ne les mérite pas ! Moi !

Chapelain.

Toi !

La Serre.

Ton inſolence
Téméraire vieillard, aura ſa récompenſe !
        [Il lui arrache ſa perruque.

Chapelain.

Achève, et prends ma tête, après un tel
    affront !
Le premier dont ma muſe a vu rougir ſon
    front !
O rage ! O deſeſpoir ! O perruque ma mie,
N'as tu donc tant vécu que pour cette infamie ?
N'as tu trompé l'eſpoir de tant de perruquiers
Que pour voir en un jour flétrir tant de
    lauriers !

                   [*Caſſaigne entre.*

Chapelain.

Caſſaigne, as-tu du cœur ?

Caſſaigne.

        Tout autre que mon maître
L'éprouverait ſur l'heure.

Chapelain.

      Ah ! c'eſt comme il faut être !
Digne reſſentiment à ma douleur bien doux !
Je reconnais ma verve à ce noble courroux !

Viens me venger.

Caſſaigne.
      De quoi ?

Chapelain.

D'un affront si cruel
Qu'a l'honneur de tous deux il porte un coup
    mortel.
D'une insulte . . . . le traître eut payé ma
    perruque   [caduque.
D'un quart d'écu du moins, sans mon âge
Ma plume que mes doigts ne peuvent soutenir,
Je la remets aux tiens pour écrire et punir.
Vas contre un insolent faire un bon gros
    ouvrage.   [outrage !
C'est dedans l'encre seul[1] qu'on lave un tel

Cassaigne (seul).

Percé jusques au fond du cœur
D'une insulte imprévue, aussi bien que mortelle,
Misérable vengeur d'une sotte querelle,
D'un avare écrivain chétif imitateur,
Je demeure stérile, et ma veine abattue
    Inutilement sue.
Si près de voir couronner mon ardeur,
    O la peine cruelle !
En cet affront *La Serre* est le tondeur,
Et le tondu, père de la Pucelle ![2]

---

[1] Cette faute de syntaxe, et celle plus du mot *Caduque* sont excusables dans une parodie.
[2] Cette parodie du monologue de *Rodrigue*, en six strophes de dix vers chacune, est d'un excellent comique.

Cinq des fcènes de la tragedie de Corneille entrent dans cette parodie, qui fe termine ainfi:

Caffaigne.

Hâtons nous de rimer.

La Serre.

Es tu fi près d'ecrire?

Caffaigne.

Es-tu las d'imprimer?

La Serre.

Viens, tu fais ton devoir, L'écolier eft un
    traître
Qui fouffre fans cheveu la tête de fon maître.[1]

---

[1] Nous ne citons rien des parodies du *Lutrin* parceque ce poème eft affez connu. Aucuns critiques ont prétendu que la Parodie ne pouvait s'entendre de pièces traduites d'une autre langue. *Marmontel,* dans fes *Eléments du Littérature* et d'autres encore, ne font pas de cet avis. Marmontel tout en critiquant certains paffages du Lutrin, a furtout fait reffortir l'excellence de l'épifode de *la Difcorde*, parodie auffi plaifante, dit-il, qu'elle eft jufte.

Si Boileau, quoiqu'ennemi intraitable de Scarron, de Dassoucy et de leurs imitateurs, s'amusait parfois à faire de la parodie, ses écrits à leur tour furent assez souvent parodiés. C'était du reste assez à la mode vers ce temps, et ce goût se continua jusqu'à nos jours.

M. de St. Didier fit imprimer à Chartres un *Voyage au Parnasse*,[1] ouvrage en prose et en vers, où il décrit un combat qui arriva entre quelques beaux esprits de café, et où la parruque de *l'abbé Pellegrin* fut jetée à terre. Dans ce voyage on rencontre plusieurs parodies des vers de *Lamotte*, de *Chapelain*, de *Racine*, de *Danchet*, et *Madame Dacier* figure plaisamment dans cette fiction, avec *Perrault* et *Fontenelle*.

---

[1] Voir les *Nouvelles Littéraires*, journal de H. du Sauzet, La Haye, 1717. Ce St. Didier, y-est-il dit, était un jeune homme d'Avignon, de beaucoup d'esprit qui, dans son livre attaque vivement les partisans des modernes.

Le *Bon-goût* est le principal personnage.

Tout le monde connait les vers de J. Bte. Rousseau :

> Que l'homme est bien durant sa vie
> Un parfait miroir de douleur, &c.

Par une ingénieuse variante, *Desforges Maillard*, dans ses poésies, Paris, 1750, in 18°, a mis un livre à la place de l'homme :

> Qu'un livre est bien, durant sa vie
> Un parfait miroir de douleurs.
> En naissant, sous la presse il crie,
> Et semble prévoir ses malheurs.
> D'abord qu'il commence à paraître,
> Un essaim de fâcheux censeurs
> Qui le blâment sans le connaître,
> En dégoûtent les acheteurs.
> Un droguiste qui s'en rend maître
> Enfin pour comble de ses maux,
> En habille poire et pruneaux ;
> C'était bien la peine de naître !

Piron s'est manifestement inspiré de J. Bte. Rousseau, et l'a aussi parodié dans ses *Misères de l'amour*, en dix strophes :

> Que l'homme est sot et ridicule,
> Quand l'amour vient s'en emparer,
> D'abord il craint, il dissimule,
> Ne fait longtemps que soupirer.

> Après bien des mots et du bruit,
> Un baiser finit l'aventure ;
> Le feu s'éteint, le dégoût fuit,
> Le pré valait-il la fauchure ?

Vers 1760 une parodie porta malheur à Marmontel, en lui faisant perdre le privilège du *Mercure de France*. Voici le résumé de cette fâcheuse affaire.

Marmontel un jour alla faire visite à *Cury*, Intendant des Menus-plaisirs, atteint d'un violent accès de goute, et auquel on avait ôté sa charge, parcequ'il avait tourné en ridicule, en conversation, les gentilshommes de la chambre, le Comte d'Argental et le Duc d'Aumont.

Cury irrité contre eux, montra à Marmontel quelques vers qu'il

venait de compofer, parodiés de la
fcène de *Cinna* où Augufte délibère
avec fes Miniftres. Marmontel trouva
que la manière d'opiner d'Argental,
enfilade de mots vides de fens, et
de phrafes entrecoupées, était fort
bien imitée.

La tête pleine de cette parodie, il
arriva chez Madame Geoffrin, où,
dans le cours de la converfation, on
en récita les deux premiers vers :

Que chacun fe retire, et qu'aucun n'entre ici,
Vous, Le Kain, demeurez; vous, d'Argental,
     auffi.

Quoi! dit Marmontel en fouriant,
vous n'en favez que cela? et auffitôt
il fe mit à réciter toute la tirade.
Le lendemain il fut dénoncé au Duc
d'Aumont, et par celui-ci au Roi,
comme auteur de cette fatire.

Il chercha à fe difculper ; mais
fans vouloir jamais déclarer au
miniftre le nom du fatirique.[1]

[1] Marmontel raconte tout au long cette

13

Voici un extrait de la pièce :

D'Argental.

Oui, je ferais d'avis . . . cependant il me
  semble
Que l'on peut . . . car enfin vous devez,
  . . . mais je tremble;
Ce n'est pas qu'après tout, comme vous
  sentez bien,
Je ne fusse tenté de ne ménager rien.
Mon froid enthousiasme est fait pour les ex-
  trêmes ;
Mais les comédiens, les poëtes eux mêmes . . .
Je ne fais que vous dire, et crois en attendant
Que le plus sûr parti serait le plus prudent.
C'est la seule raison qui fait que je balance,
Seigneur, et vous savez combien mon Excel-
  lence
Délibère et consulte avant de décider.
Sans doute mieux que moi Le Kain peut vous
  guider ;
A sa subtilité je sais que rien n'échappe ;
Il a pu vous convaincre, et moi même il me
  frappe :
Toutefois je prétends qu'il est de certains cas

---

histoire, et les tracasseries qu'elle lui occa-
sionna. Néanmoins sa défense ne convainquit
personne, et les vers, inférés dans ses œuvres
complètes, lui restent attribués.

Ou fouvent . . . l'on croit voir ce que l'on
    ne voit pas.
Tel eft mon feul avis, Seigneur, je le hafarde ;
Jugez nous, c'eft vous feul que l'affaire regarde.

Un peu plus loin, le Duc d'Aumont répond à d'Argental :

Vous ne favez que dire ! ah ! c'eft en dire
    affez ;
Vous en dites toujours plus que vous ne penfez.

Il n'y a pas de quoi s'étonner,
d'après cet échantillon, fi de puiffants
Miniftres fous un roi faible, obtinrent
aifément la punition d'une raillerie
auffi vive. *Voltaire* fut perfécuté
pour moins que cela.

On fait les épigrammes que ce
dernier lança contre Le Franc de
Pompignan, mais on connait moins
peut-être la parodie qu'il fit d'une de
fes ôdes facrées. Dans une entrevue
fuppofée de Pompignan avec le Roi
et la Reine, Sa Majefté lui demande
s'il n'a pas quelque nouveau pfaume

judaïque ? Le poète, qui est censé raconter le fait, ajoute :

" J'eus l'honneur de lui réciter sur
" le champ le dernier que j'ai com-
" posé, dont voici la plus belle
" strophe :

Quand les fiers Israëlites
Dans les plaines Moabites
S'avancèrent vers Achor,
Galgala saisit de crainte,
Abandonna son enceinte,
Fuyant vers Samaraïm ;
Et dans leurs rocs se cachèrent,
Des peuples qui trébuchèrent
De Bethel à Seboïm.

" Ce ne fut qu'un cri autour de
" moi," continue de Pompignan,
" et je fus reconduit avec des accla-
" mations universelles qui ressem-
" blaient à celle de Nicole dans le
" *Bourgeois Gentilhomme.*" [1]

Voltaire s'amuse aussi a parodier Ossian,[2] car il est plus aisé qu'on

[1] Acte iii. scène 1er.

[2] Dictionnaire philosophique, articles : *Anciens et Modernes.*

ne le penfe, dit-il, de prodiguer les images gigantefques, et d'appeler le ciel, la terre et les enfers à fon fecours.

Cependant Voltaire haïffait la parodie, fon extrême fufceptibilité ayant été fouvent bleffée par elle. Il laiffe voir la mortification qu'il en éprouve lorfque dans une lettre a Thériot (3 Janv. 1723) il s'indigne de ce que, dans une parodie de l'opéra de *Perfée*, par *Quinault*, on avait placé quelques plaifanteries fur les foufcriptions ouvertes pour la publication de *La Ligue* (La Henriade). Plus tard ce poème, a auffi été parodié. Dans une autre circon-ftance,[1] il traite d'infamie une plate parodie de *Sémiramis*, fous le nom de *Zoramis*, jouée fur le théatre de la Foire, et plus digne de mé-pris que d'indignation. Une des

[1] Lettre a M. le Comte d'Argental, 11 Oct. 1748.

preuves qu'une parodie n'a jamais fait le moindre tort à une bonne tragédie, c'est que Racine n'a rien perdu de se voir parodier à plusieurs reprises. Que la parodie blame le bon comme le mauvais, cela se peut sans doute, mais les seuls traits que les auditeurs se rappellent sont certainement ceux qui tombent sur les vrais défauts.[1] Nous reviendrons sur ce sujet en parlant de la parodie théatrale.

Le soi-disant Comte *de Rivarol*, mort en 1801, un des rédacteurs des *Actes des Apôtres*, composa une très agréable parodie du récit de *Théramène* dans *Phèdre*, dirigée contre *Caron de Beaumarchais*, sur sa détention à St. Lazare, à l'occasion de quelques sarcasmes très piquants, écrits dans les journaux.

[1] *B. Jullien; les Paradoxes littéraires de Lamotte.* Paris : Hachette, 1859. 1 vol. 8º.

*Récit du portier du fieur P. A. Caron de
Beaumarchais.*

A peine Beaumarchais, débarraffant la fcène
Avait de *Figaro* terminé la centaine,
Qu'il volait à *Tarare*, et pourtant ce vainqueur
Dans l'orgueil du triomphe était morne et rê-
      veur,
Je ne fais quel chagrin, le couvrant de fon
      ombre,
Lui donnait fur fon char un maintien bas et
      fombre.
Ses *vertueux amis*[1] fottement affligés,
Copiaient fon filence autour de lui rangés.
Sa main fur Sabathier[2] laiffait flotter les rênes ;
Il filait un difcours[3] tout rempli de fes peines.
Les *Sepher*, les *Gudin*, qu'on voyait autrefois,
Fanatiques ardents, obéir à fa voix,
L'œil louche maintenant, et l'oreille baiffée,
Semblaient fe conformer à fa trifte penfée.
Un effroyable cri, forti du fein des eaux[4]

---

[1] Cette apoftrophe eft de *Beaumarchais ;*
elle eft devenue injure et proverbe.

[2] Beaumarchais s'appuyait fur l'abbé *Sabathier* à la répétition de *Tarare*.

[3] Expreffion qu'on trouve au Mémoire contre Kornmann : Filer des phrafes et tricoter
des mots.

[4] Premier écrit fur les eaux de Paris.

Des *Perier* tout à coup a troublé le repos ;
Et du fond du Marais une voix formidable[1]
Se mêle éloquemment à l'écrit redoutable.
Jufqu'au fond de nos cœurs, notre fang s'eft
   glacé ;
Des badauds attentifs le crin s'eft hériffé.
Cependant fur le dos d'un avocat terrible[2]
S'élève avec fracas un mémoire invincible :
Le volume s'approche et vomit à nos yeux,
Parmi de noirs flots d'encre, un monftre fu-
   rieux.[3]
Son front large eft couvert de cornes flétrif-
   fantes ;
Tout fon corps femble armé de phrafes mena-
   çantes,
Indomptable allemand, banquier impétueux,
Son ftyle fe recourbe en replir tortueux ;
Ses longs raifonnements font trembler le com-
   plice,
Sa main, avec horreur, va démafquer le vice.
Le Chatelet s'émeut, Paris eft infecté,
Et tout le Parlement recule épouvanté.
On fuit, et fans s'armer d'un courage inutile,
Dans les caffés voifins chacun cherche un afile.

---

[1] La réplique du Comte de Mirabeau.
[2] M. Bergaffe.
[3] Le fieur Kornmann, avouant la conduite
de fa femme.

J'ai vu, Meſſieurs, j'ai vu ce maître ſi chéri
Traîné par un exempt qui ſa main a nourri ;[1]
Il veut le conjurer, mais l'exempt eſt de glace.
Ils montent dans un char qui s'offre ſur la place.
De nos cris glapiſſants le quartier retentit.
Le fiacre impétueux enfin ſe ralentit ;
Il s'arrête non loin de cet hôtel antique,
Ou de Vincent de Paul eſt la froide relique.[2]
J'y cours en ſoupirant, et la garde me ſuit.
D'un peuple d'étourneaux la foule nous conduit ;
Le faubourg en eſt plein . . . . .
J'arrive, je l'appelle, et me tendant la main,
Il ouvre le guichet, qu'il referme ſoudain.
Le Roi, dit-il alors, me jette à Saint Lazare.
Prenez ſoin entre vous, du malheureux *Tarare*.[3]
Cher ami, ſi le Prince, un jour plus indulgent,
Veut bien de cet affront me payer en argent,
Pour me faire oublier quelques jours d'abſti-
      nence,
Dis lui qu'il me délivre un bonne ordonnance,[4]
Qu'il me rende . . . . . a ces mots le héros
      contriſté
Sans couleur et ſans voix, dans ſa cage eſt rentré :

---

[1] L'exempt qui l'arrêta, dinait tous les jours chez lui.

[2] St. Lazare.

[3] A la dernière répétition de *Tarare*, Beaumarchais fut troublé par un concert de ſifflets.

[4] En effets, ou argent.

Triste objet où des rois triomphe la justice,
Mais qu'on n'aurait pas dû traiter comme un
    novice.

Rivarol a également donné une amusante parodie, dirigée contre Mme De Genlis, Buffon &c. ; la voici :

M. Gaillard à Mme De Genlis qui
traverse le Lycée.

Savante gouvernante, est-ce ici votre place ?
Pourquoi ce teint plombé, cet œil creux qui
    nous glace ?
Parmi vos ennemis que venez vous chercher ?
De ce brillant Lycée osez vous approcher ?
Auriez vous dépouillé cette haine si vive. . . . .

M^m. De Genlis.

Prêtez moi l'un et l'autre une oreille attentive.
Je ne veux point ici rappeler le passé,
Ni vous rendre raison de ce que j'ai versé,
Ce que j'ai fait, Gaillard, j'ai cru devoir le faire.
Je ne prends point pour juge un monde témé-
    raire.
Quoique la médisance ait osé publier,
Un grand prince a pris soin de me justifier.
Sur de petits tréteaux ma fortune établie
M'a fait connaître à Londre, et même en Italie.

Par moi, votre clergé goûte un calme profond.
La Seine ne voit plus ce Voltaire fécond,
Ni cet altier Rouſſeau, par d'éternels ouvrages
Comme au temps du feu Roi, dérober vos
      hommages.
La Sorbonne me traite et de fille et de ſœur.
Enfin de ma raiſon le peſant oppreſſeur,
Qui devait m'entourer de ſa ſecte ennemie,
Ce terrible . . . . . tremble à l'Académie.
De toute part preſſé par un nombreux eſſaim
De ſerpents en rabats réchauffés dans mon
      ſein,
Il me laiſſe à Paris ſouveraine maitreſſe . . .
Je jouiſſais en paix du fruit de ma fineſſe,
Mais un trouble importun vient depuis quel-
      ques jours
De mes petits projets interrompre le cours,
Un rêve (me devrais-je inquiéter d'un rêve !)
Entretient dans mon cœur un chagrin qui me
      crève.
Je l'évite partout, partout il me pourſuit.
C'était dans le repos du travail de la nuit.
L'image de Buffon devant moi s'eſt montrée,
Comme au Jardin du Roi, pompeuſement
      parée.
Ses erreurs n'avaient point abattu ſa fierté,
Même il uſait encor de ce ſtyle apprêté,
Dont il eut ſoin de peindre et d'orner ſon ou-
      vrage,
Pour éviter des ans l'inévitable outrage.
Tremble, ma noble fille, et trop digne de moi,

Le parti de Voltaire a prévalu sur toi.
Je te plains de tomber en ses mains redou-
    tables,
Ma fille . . . en achevant ces mots épouvan-
    tables,
L'histoire Naturelle a paru se baisser,
Et moi je lui tendais les mains pour la presser,
Mais je n'ai plus trouvé qu' un horrible mé-
    lange
De quadrupèdes morts et traînés dans la fange,
De reptiles, d'oiseaux et d'insectes affreux,
Que *Bexon* et *Gueneau* se disputaient entr' eux.[1]

Au commencement du 19ième siècle fut publié un poème en treize chants, intitulé *Cartouche ou le Vice puni*, poème assez mauvais sous tous les rapports, mais que nous ne devons pas oublier ici, parcequ'il renferme quantité de passages parodiés, pris

---

[1] On sait que l'abbé Bexon et Gueneau de Montbelliard ont fait les derniers volumes de l'histoire naturelle, concernant les oiseaux. Dans le 2e volume des œuvres complètes de Rivarol, Paris, L. Collin, 1808, in 8vo. il y a plusieurs pièces relatives à la parodie que nous venons de citer, parcequ'on l'avait malicieuse-ment attribuée à Grimod de la Reynière.

dans plufieurs poètes célébres. L'auteur dans fa préface dit qu'il a femé dans fon œuvre le plus de ces parodies qu'il lui a été poffible, pour en relever le peu de mérite; mais ce moyen ne rendit pas le poème meilleur, et pourtant il eut l'honneur d'être traduit en hollandais.

Cartouche adreffe le difcours fuivant à une recrue qui vient de s'être engagée dans fa troupe:

C'eft en vain, mon enfant, qu'un timide voleur,
Croit de l'art de voler atteindre la hauteur;
S'il ne fent en fon cœur l'influence du diable,
Si fon aftre en naiffant ne l'en forma capable,
Dans les moindres dangers il eft toujours
　　craintif;
Pour lui *Laverne*[1] eft fourde, et Mercure eft
　　rétif.
O vous donc, qui brûlant d'une ardeur périlleufe,
Courez des grands voleurs la carrière épineufe,
Ne venez pas ici ce grand art ravaler,
Ni prendre pour valeur une ardeur de piller.

---

[1] La déeffe des voleurs.

Craignez, craignez du gain les trompeuses
    amorces,
Et consultez longtemps votre cœur et vos
    forces,
Si vous prétendez être un voleur achevé.

.   .   .   .   .   .

Une autre citation suffira ; c'est
une parodie du songe *d'Atrée* et
Thyeste, de *Crébillon*. La maitresse
de Cartouche éveille sa sœur :

.   .   .   . Et d'un air consterné,
Lui dit je viens de faire un songe épouvantable.

.   .   .   .   .

Je l'ai vu cette nuit, ce malheureux Cartouche,
Pâle, défiguré, l'air morne, l'œil farouche ;
Il semblait revêtu de ce triste haillon
Qu'une ombre désolée emporte à Montfaucon.
Le soleil faisant place à l'horreur des ténèbres,
Je n'ai vu près de lui que fantômes funèbres.
A la triste lueur d'un lugubre flambeau,
On l'entraîne à l'instant vers un affreux tom-
    beau.
L'infortuné semblait entouré de furies ;
Un glaive encor fumant armait leurs mains
    impies.
Je vois l'exécuteur arriver à grands pas,
Une barre à la main pour lui casser les bras.

La terreur me faifit ; l'ombre perça la terre,
Et le fonge finit par un coup de tonnerre.

Grofley, mort en 1785, l'un des
rédacteurs des facétieux *Mémoires de
l'Academie de Troyes,* ne pouvait
guère ne pas cultiver un peu la parodie. On fe rappelle qu'en 1749
l'Académie de Dijon propofa la
queftion : " Le progrès des fciences
" et des arts a-t-il contribué à cor-
" rompre ou à épurer les mœurs ?"

On fait que J. J. Rouffeau prit
parti contre les arts et les fciences,
et remporta le prix. *Grofley* avait
été le concurrent de Rouffeau, feulement il traite la queftion dans un
efprit tout différent, et il n'eut que
l'acceffit. L'année qui fuivit le juge-
ment de l'Académie Dijonnaife,
Grofley fit imprimer, non par un fen-
timent de dépit, comme le penfe
M. Nifard,[1] (Grofley, furnommé Dé-

---

[1] Hiftoire des livres populaires. 2 vol. 8°.
1854.

mocrite, avait donné trop de preuves
de sa joyeuse humeur, pour lui
soupçonner un pareil sentiment),
" L'oraison funèbre et testament de
" Jean Gilles Bricotteau, de Soissons,
" par le Rd. P. Hesmogène, de Car-
" pentras, capucin indigne &c."

L'orateur établit avec une gravité
très comique la prééminence de
l'imbécillité, sur l'esprit. Il se plait
à outrer le sentiment de Rousseau,
pour le parodier. Si l'un répudie
l'instruction et tous les bienfaits dont
elle est le germe, pour nous ramener
à l'état de sauvage, l'autre répudie la
raison elle-même, et veut nous ré-
duire à l'état de crétins, pour notre
plus grand bonheur :

" Faible raison ! dont les mortels
" s'enorgueillissent si fort, et dont ils
" abusent encore plus souvent, vous
" avez refusé vos lumières à celui
" dont nous pleurons la perte. Mais

" en fe féparant de vous et de vos
" faveurs, il a appris aux autres
" hommes à connaître le peu que
" vous valez et le dommage fenfible
" que vous apportez à ceux fur qui
" vous jetez vos lumineux regards.
" Car enfin quel doit être le principal
" objet de nos vœux, et à quoi ten-
" dent d'ordinaire tous nos projets ?
" A nous établir fur la terre dans
" une vie tranquille et à nous pro-
" curer l'efpérance d'un bonheur
" plus effentiel dans l'éternité. Or
" voilà Meffieurs, ce que l'homme
" inimitable que nous regrettons, a
" trouvé dans le mépris que la raifon
" a témoigné pour fa perfonne.

" La matérialité de fon efprit a
" fait le bonheur de fa vie, et en a
" caufé l'innocence. Je veux dire
" il a été plus heureux et plus fage
" que la plupart de ceux qui jouif-
" fent d'une haute intelligence: deux
" vérités que je confacre à la confo-

15

" lation des esprits simples et à la
" mémoire de très épais, très stupide
" et très groffier mortel, Jean Gilles
" Bricotteau, fermier de Venizel, et
" ancien fonneur de cette paroiffe."

L'orateur divife fon difcours en
deux parties. Dans la première il
démontre que l'efprit eft un flambeau dont la lumière fert plus fouvent à nous confumer qu'à nous conduire, et devient le premier artifan
de nos difgrâces.

Dans la feconde, il prouve que
de même que ce fut un avantage
pour Nabuchodonofor d'être changé
en bête ; ce fut pour Bricotteau un
trait de la miféricorde célefte de
l'avoir fait naître avec un extérieur
repouffant, et un féroce appétit ; et
qu'une faible lueur de raifon, fou-
tenue de la grâce, a fuffi pour conduire fon âme, fortant des ténèbres
de fon corps, jufqu'au terme de l'éternité.

On ajoute que le révérend père
capucin, n'étant pas plus heureux
que Bricotteau, en efprit et en mémoire, ne prononça cette oraifon funèbre que cinquante ans après la mort
de Bricotteau ; ce dont il n'y a pas
lieu de s'étonner, car voulant mettre
en vers français le teftament de cet
illuftre défunt, il ne put arracher de
fon cerveau environ qu'un vers par
an.[1]

Une parodie très rare du commencement du 19ième fiècle eft la
Meffe de Cythère, mélange de vers
et de profe, imprimé vers 1801, et
dont l'auteur, diffimulé fous le nom

---

[1] Dans *l'hiftoire des livres populaires*, cité
ci-deffus, le chapitre 6 eft confacré aux fermons burlefques, et fous le titre de *Sermon
gai et amufant*, qui appartient au XVIIIième
fiècle, il y a un autre échantillon curieux de
ce genre de parodie dont le ton railleur et
fceptique, ton très fréquent de ce fiècle fameux, eft une conféquence de l'abus des con-
troverfes.

de *Nobody*, doit être *Griffet de la Baume*, ou *Mercier de Compiègne*. On devine facilement quel eft l'objet de cette débauche littéraire, contemporaine de l'ouvrage qu'on a reproché à *Parny*.[1]

[1] Comme nous ne pouvons faire mention de toutes les parodies de cette période, nous indiquerons toutefois pour mémoire : *Les Eternueurs*, poème parodi-burlefque. Paris, 1758, in 12°. Ouvrage entièrement gravé.
Le Petit Neveu de l'Aretin. Parodie burlefque du 4ième livre de l'Enéide. Paris, an IX, in 12°.
Un anonyme fit paraître vers la même temps *L'homme des Bois*, parodie de *L'homme des Champs*, de *Delille*.
Parodie du 1ier chap. de St. Mathieu, fur la généalogie du fameux fyftème de *Law*.
Jacquot n'a que ça. Une des nombreufes parodies que firent éclore *les Deux Gendres*, d'*Etienne*, que l'on regardait comme un plagiat de *Conaxa*, comédie de collège.
Alala, parodie d'Atala de Chateaubriand, &c.
M. Roftain, de Lyon, dont nous avons déjà fait mention dans la Préface, et qui eft auteur de plufieurs ouvrages de critique littéraire, nous a fréquemment aidé, dans nos recherches

Un fieur *J. E. Defpreaux,* tenté peut-être par la conformité de nom, publia à Paris, en 1806, en deux volumes en 8°, *Mes Paffetemps, Chanfons, fuivies de l'art de la danfe.* Dans ce poème l'auteur a parodié d'une manière affez ingénieufe l'art poétique de Boileau.

En voici deux extraits :

Gardez vous qu'une jambe à courir trop hâtée,
Ne foit de l'autre jambe en fon chemin heurtée.
Il eft un heureux choix de contours gracieux,
Que la note et le pied foient bien d'accord
    entr'eux.
Le pas le plus brillant, la plus aimable danfe,
Ne peuvent plaire aux yeux, s'ils bleffent la
    cadence.

Règles du Menuet.

Le grave menuet fut en vogue autrefois ;
Le goût en a fixé les rigoureufes lois,

---

fur la Parodie. Sa complaifance eft auffi inépuifable que le font fes connaiffances bibliographiques.

Il veut que tous les pas, de mesure pareille,
Lorsque l'air, à trois temps, frappe six fois
     l'oreille,
Par quatre mouvements artistement rangés,
Soient sur deux fois trois temps, en quatre
     partagés :
De ce genre surtout il bannit la licence,
Lui-même en mesura le nombre et la cadence,
Défendit qu'aucun faut y pût jamais entrer,
Et qu'un geste commun osât y pénétrer.
Du reste, il l'enrichit d'une simple élégance ;
Un menuet parfait est la plus noble danse.
En vain mille danseurs y pensent arriver,
Et cet heureux phœnix est encore à trouver.
A peine dans les bals dont abonde la ville,
En peut on admirer un ou deux entre mille.
Que d'art voulait *Boileau*, pour faire un bon
     sonnet !
Que de choses *Marcel* vit dans un Menuet !

———

Sans doute à cause de la facture aisée des vers, *l'art poétique* de *Boileau* a été assez souvent parodié. On rencontre dans un *Almanach poétique* fort peu connu, *Les Muses de la Saintonge*,[1] une parodie analogue à la précédente, intitulée *l'art de plaire :*

[1] Saintes, 1823, in 12°.

Un fage ami, toujours rigoureux, inflexible
Sur vos défauts jamais ne vous laiffe paifible,
Il ne pardonne point un air embarraffé ;
Il renvoie à fon maitre un fat mal exercé,
De fes fauts vagabonds arrête la licence,
Et ne le laiffe point bleffer la bienféance.
Votre jarret tendu femble un peu fe roidir,
Ce bras eft trop pendant, il le faut arrondir.
C'eft ainfi que vous parle un ami véritable.
Mais fouvent, fur fes pas, un pédant intrai-
   table
A les défendre tous fe croit intereffé,
Et penfe dans les bals fon honneur offenfé.

     Comme en fots amateurs,
Notre fiècle eft fertile en fots admirateurs,
Et fans ceux que fournit la ville et la province,
Il en eft chez le Duc, il en eft chez le Prince.
Le plus mince fauteur a chez les courtifans
De tout temps rencontré de zélés partifans,
Et pour finir enfin par un trait de fatire,
Un fat trouve toujours un plus fat qui l'admire.

Une des plus amufantes parodies
qu'ait produites le commencement du
19ième fiècle, à notre avis, eft le
*Virgile en France, ou la nouvelle
Enéide.*[1] L'auteur, dans fa préface,

----

[1] Poème héroi-comique en ftyle franco-

a donné une très bonne notice sur la parodie, qu'il diftingue fort bien d'avec le burlefque; mais dans laquelle fe rencontre un *lapfus memoriæ* des plus extraordinaires.

" Henri Etienne, dit-il, qui florif-
" fait vers la neuvième Olym-
" piade (!!) a été le premier inven-
" teur de la parodie qu'on nomme
" *fimple* ou *narrative;* Hégémon
" de Thafos, vers la 88ième Olym-
" piade, eft l'auteur de la parodie
" qu'on nomme *dramatique,* &c."

Il termine ainfi : " L'application
" des événements de nos jours eft ré-
" pandue dans tout l'ouvrage, pour
" autant que le texte original a pu
" le comporter,[1] avec les légers chan-
" gements que j'y ai faits.

gothique, pour fervir d'efquiffe à l'hiftoire de nos jours, par Le Plat du Temple. A Offenbach, de l'imprimerie de Charles Louis Brede, et aux dépens de l'auteur, 1810. 4 vols. in 8°. Cet ouvrage eft devenu très rare.

[1] Il avait d'abord publié en 1802, le *Virgile*

" Sans prétention à la palme de la
" poéfie, je me croirai trop heureux
" d'avoir remporté celle de la pa-
" rodie."

Le fommaire de deux des chants,
et deux extraits feront fuffifamment
connaître cette bizarre conception
dont les nombreufes notes font, fi
c'eft poffible, encore plus extraordinaires que le poème lui-même.

Sommaire du 2ième *Chant.*

Récit de la révolution de Troie,
—Convocation des Etats-Généraux

dans les Pays Bas, ou le poème d'Enée travefti en
Flamand. Bruxelles. 3 *vol.* 8º· Puis il donna
en 1807 fon *Virgile en France, poème héroïque,*
&c. d'abord en deux vol. 8º· Brux. Weiffen-
bruck. Enfin parut à Offenbach, en 1810, le
même ouvrage, en 4 vol. 8º, augmenté de
notes des plus originales.

Il fit encore imprimer en 1814 des fatires
en vers, contre Napoléon, fa famille et les
principaux fonctionnaires de fon gouvernement.

16

—Emigration—Arreftation du Roi
—Son difcours à la barre—Fête à la
Liberté !—Clôtures des temples—
Criminels élargis—Sac de Troie par
les Jacobins—Maffacres—Tyrannie
populaire—Mort du roi—&c.

Sommaire du 4ième Chant.

Hiftoire des amours de la reine
d'Egypte—Elle confulte fon confef-
feur—Avis politiques de fon aumô-
nier—Mariage devant un prêtre in-
fermenté—Jaloufie d'un roi nègre
—Délire de l'amour—Arrivée d'un
prélat tondu—Exorcifmes—Solilo-
que philofophique—Trifte fuicide
—&c.

Voici la parodie du paffage :

Nec minus interea fociis ad littora mittit
Vigenti tauros . . . .

Cent dindons arrivés du fol de fapience,[1]

---

[1] Le pays de la Normandie.

D'Ardenne cent moutons, cent jambons de
    Mayence,
Cent hectolitres pleins de vieux Château-
    Margot,
Sont envoyés de fuite à bord, au matelot.

   .   .   .

Cent paladins couverts de férique brodure,
Les Nomarques, les Beys, les chefs de pré-
    fecture,
Le corps diplomatique, et les grands Alfaguins,[1]
Affiftaient en coftume à ces banquets divins.
Chez *Tailleur*[2] on ne vît jamais telles lippées ;
C'étaient des godivaux, Salmigondis, mattées,
Moutons aux nids d'oifeaux, fyriots, francollins,
Outardes, morellons, pluviers, ococolins,[3]
Cent eftafiers dorés, fous livrée amaranthe,
En vafes criftallins préfentent l'Alicante ;
Et les perles d'Aï, les rubis de Vougeot,
Difputaient la Victoire au nectar Cypriot.

   .   .   .   .   .   .

    Après l'arreftation du roi, voici la
manière dont eft préfenté le paffage :

[1] *Nomarque*, gouverneur d'une province en
Egypte. *Alfaguin*, nom des prêtres chez les
Maures.

[2] Traiteur à Paris ; rendez-vous des enfans
de Bacchus et de Comus.

[3] Chacun de ces plats eft expliqué dans les
notes.

Perfidus ante dolis inftruétus et arte Pelafgâ,
Suftulit exutas vinclis ad fidera palmas.

Un fieffé fcélérat forti de la pouffière,
Jadis membre pourri de la Jacobinière,
Qui venait d'achever fes dix ans de prifon,
Pour des crimes de faux et de rebellion ;
Menteur adroit dans l'art qu'on nomme popu-
    laire,
Levant fes viles mains vers l'aftre de lumière,
Prit ici l'Eternel et le ciel à témoins,
De fa vertu civique et populaires foins :
O mes frères, dit-il, je fus une viétime,
De ces devoirs facrés dont on me fit un crime.
Ennemi des tyrans, je me vis arrêté
Pour avoir défendu la fainte Liberté.

Obligés de nous borner à ces cours
extraits, nous ne pouvons faire reffortir les détails comiques et amufants
de cette nouvelle Enéïde, trop peu
connue. Chaque chant eft accom-
pagné, fous forme de notes, d'un
commentaire où fe heurtent les idées
les plus abfurdes et les plus fau-
grenues.[1]

[1] Les biographies *générales* de Didot, de

Il faut mettre auſſi au nombre des bonnes parodies en proſe, de notre époque, celle *d'Atala,*[1] où les idées les plus bizarres de ce roman ſont très plaiſamment introduites, et marquées par des guillemets.

La Révolution de Belgique qui ſépara ce pays d'avec la Hollande, ne pouvait manquer de produire plus d'une parodie. Nous citerons entr'-autres, une ſcène de la Chambre des

Michaud, &c., ont négligé de faire mention de *Le Plat du Temple.* Quérard ſeul cite ſes ouvrages, dans la Bibliographie de la France, mais ſans indiquer de quelle nation était l'auteur.

Il eſt digne de remarque qu'en cent endroits, les vers de Virgile ont été remaniés, et que Le Plat en a ajouté des ſiens, pour rendre l'application aux circonſtances de La Révolution, plus juſte; de ſorte qu'on pourrait preſque conſidérer le texte Latin comme une eſpèce de centons.

[1] *Itinéraire de Pantin au Mont Calvaire, &c. ou Lettres inédites de Chaētas à Atala, par M. de Chateauterne. Paris, Dentu,* 1811, 8°.

Représentants, que le poète suppose se passer en Janvier 1841, lors de la discussion des fonds portés au budget pour les fêtes de Septembre, commémoratives de la Révolution. Les interlocuteurs sont *Abner-Devaux* et *Joad-Rogier*.[1]

Abner-Devaux.

Oui, je viens à la chambre apprendre son
    pater ;
Je viens avec le ton d'un rogue magister,
L'exhorter à fêter la glorieuse histoire,
Qui nous fait à la cour si bien manger et boire.
Que les temps sont changés ! sitôt que des
    Trois Jours
Le retour s'annonçait par le son des tambours,
Du Parc orné partout de lampions fort chiques,
Les badauds inondaient les verdoyants portiques.
    tiques.
La Chambre en lésinant, change les lampions
En éteignoirs, et veut nous damer les pions.

---

[1] *Le livre du diable, recueil de satires et pamphlets sur les hommes et les choses de la Révolution Belge, par le poète Borain, Bruxelles,* 1848, 1 *vol.* 12º.—Ce recueil piquant est devenu rare.

D'enluminés ventrus à peine un petit nombre
Des verres de couleur ofent engraiffer l'ombre;
Le refte pour le feu d'artifice et les mâts
De Cocagne, où pendaient jambons et cervelas,
A l'air de ne vouloir pas voter un centime,
Et prétend que tout çà, ce n'eft que de la frime.
Je tremble, entre nous dit, que l'oppofition
A vous même bientôt rognant la portion
N'achève fa vengeance, en ce moment qui
      rampe,
Et ne refufe enfin de l'huile à votre lampe.

Joad-Rogier.

D'où vous vient donc la peur d'un tel abaiffe-
    ment ?

Abner-Devaux.

Penfez vous au pouvoir briller impunément?
Dès longtemps la Belgique à regret verfe l'huile
Dont vous entretenez votre étoile qui file

. . . . . .

De Theux d'ailleurs, *De Theux,* ce fuppot de
    la meffe,
Plus fournois qu'éloquent, veut flamber votre
    graiffe.
De Theux d'un portefeuille avide rechercheur,
Eft l'ennemi juré des verres de couleur.
C'eft peu que le front ceint d'une obfcure
    auréole,
Contre nos lampions il ait pris la parole,

Septembre l'importune, et son sacré toupet
Voudrait anéantir la mémoire du fait.
Pour vous perdre, il n'est point de ruse qu'il
    n'invente.

.   .   .   .

Et je crains que De Theux qui rêve votre
    chute,
De votre Ministère enfin ne vous culbute.

Joad-Rogier.

Celui qui mit toujours de l'huile aux lampions
Sait aussi d'un De Theux tromper les visions.
Confiant en ma ruse, en mes lumières feintes,
Je crains *tout*, cher Devaux, et n'ai point
    d'autres craintes,
Cependant je rends grâce au zêle officieux
Qui sur mes lampions vous fait fixer les yeux.

.   .   .   .   .

En terminant ce dialogue, Abner-Devaux prévient que l'on doit diminuer les dépenses pour ces fêtes, vu que le Budget est sans fonds, et le Pays sans argent.

Dans ces derniers temps les journaux français ont plusieurs fois mêlé des parodies à leurs articles sur la

littérature. En voici une aſſez
heureuſe, extraite du *Figaro*, du
mois d'Août 1869, et imitée du
Lutrin, à l'occaſion du Sénatus-
Conſulte, entrant dans la voie des
conceſſions libérales :

Voici deux mois paſſés qu'un Sénatus-Conſulte,
Réveilla le Sénat dormant loin du tumulte.
On ſait que ce grand corps établit ſon ſéjour
Près de Monſieur *Ricord* au fond du Luxem-
      bourg.
Au bruit du Senatus qui vient troubler ſon rêve,
Le Sénat en pleurant ſur un bras ſe relève,
Ouvre un œil chaſſieux et d'une faible voix,
Laiſſe tomber ces mots qu'il begaye en dix fois :
" Sénatus ! que veux-tu ? quel beſoin a la France,
" De tant de libertés ! Ah ! parbleu, quand
      j'y penſe,
" Hélas ! qu'eſt devenu ce temps, cet heureux
      temps
" Ou les Pères Conſcrits étaient tous fainéants,
" S'endormaient ſur leur ſiège, et fiers de leur
      étoile,
" Contemplaient l'araignée en l'air filant ſa
      toile !
" Ce doux ſiècle n'eſt plus. . . . .
" Je croyais que j'étais le gardien principal

17

  " Et tranquille du vieux pacte fondamental :
  " Je ne savais pas trop ce que ça voulait dire . . .
  " Mais je ne faisais rien, et j'y pouvais suffire.
  " Ah ! nous avons buché ; succombant sous
   l'effort
  " Nous avons écouté *Devienne* et son rapport !
  " Enfin j'ai terminé ma tâche ! . . . .
  " C'est fini ; nous avons à cent quarante trois,
  " Approuvé le projet, rejeté par trois voix,
  " Trio récalcitrant qui contre nous se heurte,
  " De Vincent, Girardin et Boulay de la
   Meurthe !
  " Comme si, votant contre, il était à propos
  " De reculer encore le retour du repos ! . . .
  " C'est fini. . . ."
   Le sénat dont la crainte est passée
Dans sa bouche, à ce mot, sent sa langue glacée,
Et las de son travail, succombant sous l'effort,
Soupire, étend les bras, clot l'œil et se rendort.

———————

Dernièrement M. *Rouher*, dans un de ses discours à la Chambre des Députés, tout en ayant l'air de donner de grands éloges à l'activité et aux travaux opérés par M. Haufmann, à Paris, le critiqua sévèrement sous le rapport financier.

A cette occasion, un journal publia

une plaifante parodie de l'élégie fi
connue de *Millevoie :* [1]

> De la dépouille de nos toits
> Haufmann avait jonché la terre;
> Monfieur Rouher était fans voix,
> Et la Chambre était en colère,
> De voir braver toutes les lois.
> Trifte et tourmenté, notre Édile,
> Plein de foucis inoportuns,
> Vaguait dans fon Hôtel-de-ville,
> Si cher à fes nombreux emprunts.
> Mon hôtel, adieu ! je fuccombe !
> Les journaux frappent fans furfis,
> Hélas ! et chaque feuille tombe
> Sur mon dos, à bras raccourcis.
> Fatal Rouher, fatal Miniftre,
> Qui dans ton pladoyer pompeux,
> Laiffas tomber ce mot finiftre :
> Tire-toi de là, fi tu peux !

.   .   .   .   .   .

.   .   .   .   .

Bien d'autres parodies encore ont
paru en France durant notre époque;[2]

----

[1] On fait que le Préfet de Paris avait été
furnommé *le Baron de Mille-voies.*

[2] Voir *l'Improvifateur Français* (Paris, 1805,

mais pour ne pas dépasser les bornes d'un essai, terminons ce que nous avons à dire sur la France, par une courte notice sur la parodie dramatique dans ce pays, sujet fécond qui exigerait à lui tout seul, une dissertation, si on lui donnait les développements nécessaires.

Quoiqu'en ait dit *Lamotte*, en défendant sa tragédie d'*Inès de Castro*, un parodiste ne ravale pas plus une bonne tragédie que l'auteur comique ne ravale l'humanité. Il obéit à la nature particulière de son esprit, qui lui fait voir sous une forme plaisante ou grotesque, ce que d'autres ont considéré d'un côté sérieux. Ces deux

---

12°· 20 vol.) où il y a au tome 14ième deux pages relatives à la parodie, et où l'on cite des vers de *Gresset*, blâmant ce genre, et deux couplets de *Ségur*, le vaudevilliste, qui en font l'apologie.

Dans le *Printemps d'un Proscrit*, de *J. F. Michaud*, dernière édition, l'on a ajouté une parodie des Amours des plantes.

aſpects ſont dans les diſpoſitions de l'eſprit humain, a dit *M. B. Jullien,* dans ſes *Paradoxes Littéraires de Lamotte.*

L'Agnès de Chaillot, parodie de *l'Inès* de ce dernier auteur, eſt regardée avec raiſon comme un modèle du genre. Il en fut ſi vivement offenſé, qu'il fit une ſortie virulente contre la pièce qu'il appelle " une " bouffonnerie où l'on eſſaie de " rendre la vertu ridicule."

Le parodiſte a fort bien ſaiſi les invraiſemblances de la Tragédie.

L'ancien Bailli de Chaillot, ſurnommé *le Juſticier,* a épouſé à 75 ans une boulangère de Goneſſe, mère d'un fils et d'une fille en âge de ſe marier. Agnès eſt la ſervante du Bailli dont elle a ſecrètement épouſé le fils Pierrot. Or ſon père veut le marier avec Conſtance fille de la Baillive. Comme Pierrot refuſe, il eſt condamné à l'exil au Miſſiſſippi ;

mais Agnès intervient, amène ses enfants au Bailli, prouve son mariage, et au moment où le père pardonne, Agnès meurt, empoisonnée par sa belle-mère.

A la fin de la pièce, lorsqu'Agnès vient dire au Bailli :

Enfin je vais parler, rien ne doit me con-
    traindre ;
Je vais tout avouer ; Pierrot est mon époux.

Le Bailli répond à juste titre :

Mais pourquoi m'avouer si tard un tel forfait ?
Dès le commencement vous deviez l'avoir fait :
Vous dire de mon fils, épouse, et non maîtresse,
Mais vous avez voulu faire durer la pièce,
Pour étaler ici tous ces beaux sentiments
Que j'ai lus et relus cent fois dans les romans.

Agnès, imitant *les Plaideurs* de Racine, amène ses quatre enfans :

Venez, famille désolée,
Venez, pauvres enfans qu'on veut rendre
    orphelins,
Venez faire parler vos soupirs enfantins.

Le Bailli réplique :

Et d'où diable a-t-on fait fortir ces marmots là ?
Ai-je dans ma maifon des chambres inconnues ?
Oh ! pour le coup, il faut qu'ils foient tombés
    des nues.
Ont-ils pu parvenir à l'âge où les voilà,
Sans qu'aucun du logis ait rien fu de cela ?

Pierrot, voyant Agnès mourante, veut fe tuer ; le Bailli lui retenant le main :

Oh ! mon fils, arrêtez !

Pierrot.

Pourquoi me fecourir ?
Laiffez vous voir mon père, en me laiffant
    mourir !

La Bailli.

Quel galimatias ! morbleu, quelle chimère !
Laiffant mourir fon fils, fe montre-t-on fon père ?

. . . .

L'abbé Sallier fit reffortir la valeur littéraire de la parodie, qui eft, dit il, entre les mains de la critique le flambeau dont on éclaire les défauts d'un auteur qui a furpris l'admiration. C'est la pierre de touche des pièces de théâtre, elle y distingue le bon or du clinquant.

L'auteur tragique le plus parodié fut *Voltaire*. Le premier volume des *Parodies du Théâtre Italien*, en contient une d'*Œdipe*, d'autres de *Brutus*, d'*Artemire*, de *Marianne*, et deux de *Zaire*. Celle de *Marianne*, sous le titre du *Mauvais Ménage*, est excellente, et eut un succès aussi complet que bien mérité.

Les enfants trouvés, parodie de *Zaire*, suit de très près l'original, et en fait ressortir toutes les improbabilités.

Fatime.

Je ne m'attendais pas, jeune et belle Témire,
Vous qui pleuriez toujours, à vous voir jamais
    rire.
Quoi! vous ne tournez plus les yeux vers ces
    climats.
Où ce vaillant français devait guider vos pas?
Témire.
Le sérail aujourd'hui fait ma félicité.

Lorſque *Diaphane* (Orofmane)
vient pour la conduire à l'autel, elle
héfite, et comme il demande la caufe
de cette héfitation, elle répond :

. . . Il eſt affreux, feigneur, de vous déplaire ;
Laiffez-moi vous quitter, je ne faurais mieux
    faire.

Diaphane.

Je n'y comprends plus rien ; pourquoi partir
   fitôt ?
Dites-moi vos raifons ?

Témire.

Je les dirai tantôt.

En effet elle revient fans nul motif
peu de temps après, et Diaphane, qui
a réfléchi, lui annonce qu'il ne l'aime
plus.

Témire.

Eft-il bien affuré que vous ne m'aimiez plus,
Seigneur ?

Diaphane.

Il eſt trop vrai que l'honneur me l'ordonne,
Que je vous aimai trop, que je vous abandonne ;
Que mes vœux, que mon cœur, que mes yeux
    éclairés . . . .

Que j'aimai . . . . que je hais . . . . Témire,
    vous riez ?

Témire.

Seigneur, qui ne rirait de tout ce badinage,
De mon incertitude et de votre angage ?

.   .   .   .   .   .

Le défaut frappant de a dernière
scène est très bien saisi, lorsque *Zaïre*
vient trouver *Néreftan* a nuit, et
qu'*Orofmane* la tue, après lui avoir
entendu prononcer à voix baffe, ce
vers rocailleux :

Est-ce vous, Néreftan, que j'ai ant attendu ?

.   .   .   .   .   .

Diaphane.

Je vais les immoler à ma juste fireur !

Témire (marchant dans l'ombre).

Est-ce vous, Carabin ?

Carabin.

Etes vous là, ma sœur ?

Diaphane.

Sa sœur ! ah ! j'allais faire une belle fottife !
Cet éclaircissement m'épargne une méprise !

.   .   .   .   .   .

Dans la feconde parodie de *Zaïre*, intitulée *Arlequin au Parnaffe*, Melpomène traitée de folle par fa fœur Thalie, à caufe des invraifemblances, et du mauvais arrangement de la pièce nouvelle, parodie ainfi le célèbre paffage du *Cid* :—

O rage! O défefpoir! O fœur, mon ennemie!
Ne m'a-t-on applaudi que pour cette in-
   famie!
Et n'aurai-je charmé nobles et roturiers,
Que pour voir en un jour flétrir tant de lau-
   riers?
Pleurez, pleurez mes yeux, fondez en catar-
   actes,
Et noyez dans vos pleurs mes malheureux
   cinq actes.[1]

---

[1] Nous ferons mention ici, à caufe de fa rareté, d'une troifième parodie de cette tragédie; *Caquire*, en 5 actes et en vers. Dans le N°. du 10 Sept. 1869, *l'Intermédiaire des chercheurs et curieux* demandait fi Voltaire avait eu connaiffance de cette audacieufe parodie, dont la plus ancienne édition remonte à 1783. C'eft une facétie ftercorale de 48 pages dont il eft impoffible de citer autre chofe que les deux premiers vers :

La tragédie de *Médée*, de *Longepierre*, fut auffi l'objet d'une parodie qui paffe pour excellente. Jafon eft transformé en *Zonzon*, *Médée*, en *Afmodée*, et *Cléon* eft un feigneur de village.

Plus de cinquante pièces de ce genre ont été repréfentées par les

Je ne m'attendais par, jeune et belle Caquire,
A ces nouveaux befoins qu'un foudan vous infpire.

M^rs. Breghot et Péricaud, dans leur catalogue des Lyonnais dignes de mémoire, Lyon, 1839, in 8°, ont confacré quelques lignes à M^r. *De Combles*, auteur de *Caquire*, mais c'eft à tort qu'il lui donnent pour père l'auteur de la traduction anonyme de la fantaifie paradoxale : *Concubitus fine Lucinâ*, contre partie de *Lucina fine Concubitu*. Celui-ci fignait *De Combes*.

Caquire a un article dans la *Bibliotheca Scatologica*, publiée dans le *Journal de l'Amateur de livres*, tome 2, anné 1849.

Cette parodie fut réimprimée en 1853, dans un petit volume in 32°, ayant pour titre : *M.....ana*, édition revue par *Hilaire Legay*, pfeudonyme.

comédiens Italiens ordinaires du Roi,
pendant la première moitié du 18ième
fiècle. Encore ne fait-on pas mention de plufieurs autres, dans la collection qui en a été publiée. On
n'y rencontre pas *Scarron* qui s'amufe
dans *Jodelet, maître et valet,* à parodier les ftances du *Cid,* ni *Bois Robert*
qui pour divertir le grand Cardinal,
s'attaque à la même tragédie. Il fit
repréfenter une parodie du chef
d'œuvre de *Corneille,* devant fon
Eminence, par des laquais et des
marmitons, et lorfque *Don Diègue*
demande à fon fils :

Rodrigue, as-tu du cœur ?

le fils répond :

Je n'ai que du carreau.

On voit que fi la parodie fit reffortir affez fouvent les défauts des pièces
de theâtre, elle fervit auffi quelquefois d'arme à la paffion et à l'envie.

En voici un autre exemple ; parmi tous les libelles publiés contre Molière par les charlatans qu'il avait livrés à la risée publique, *La Critique du Tartuffe*, honteufe diatribe en un acte et en vers, est une parodie lancée par le parti des dévots et des cafards, où l'indécence le dispute à l'efprit d'une âcre méchanceté.

Les parodies théatrales, à la fin du siècle passé et aujourd'hui, ont pris une forme différente. On en fait des chansons ou des vaudevilles.

Desaugiers est regardé comme un des meilleurs parodistes dramatiques, et sa plaisanterie sur la *Vestale*, de Jouy, est fort bonne.

Voici quelques extraits de ce *Potpourri* en trois actes :

> J'voyons un monastère
> Où c'qu'un' fille d'honneur
> Etait religieufe à contre cœur.
> C'était monsieur son père
> Qui l'jour qu'il trépassa,
> D'fa fille exigea ça . .
> Ha !

Quand aux règles du Monaſtère
    Un' fille manquoit,
On vous la j'tait tout' vive en terre,
    Comme un paquet.

V'là z'enfin un bel homme
    Qu'alle avait pour amant,
Qui revient vainqueur à Rome,
    Avec ſon régiment.

Dans c'pays là par bonheur,
La loi voulait qu'on choiſiſſe,
La Veſtal' la plus novice,
Pour couronner le vainqueur.
Tu r'viens comm' Mars en carême,
(Lui dit tout bas cell' qu'il aime)
Pour recevoir le diadême,
Du cœur dont t'as triomphé !
Il veut répondre, il s'arrête,
Il la regarde d'un air bête,
Et le v'là qui perd la tête
Au moment d'être coiffé.

Enfin.

    Un ſerrement de main
    Lui dit : prends garde,
    On nous regarde !
    Et v'la qu'elle lui met
    Un beau plumet.

A c'te nuit, j'te l'promets,
A c'te nuit, j'te l'permets.
Puisqu' la Caremonie
Dit l'abesse, est finie,
   Rentrez dans vot' dortoir,
    Jusqu'au revoir,
     Bon soir.

Silenc' ! Silenc' ! Silence !
V'là qu'la seconde act' commence.
Et j'vois l'enceinte du saint lieu
Avec un réchaud z'au milieu.

   On ordonne à la r'ligieuse
    D'entret'nir le feu.
   S'il s'éteint, la malheureuse
    N'aura pas beau jeu !

Dans les couplets suivants, Desaugiers suit pas-à-pas la marche du drame, d'une manière fort comique, jusqu'au moment ou la vestale va être enterrée vivante :

L'pauvre agneau descend dans la tombe,
   Qu'c'est pain béni !
Sur sa tête l'couvercle r'tombe
   V'la qu'est fini !

Mais patatras ! v'la z'un éclair qui brille,
Et le tout-puissant qui j'dis, n'est pas manchot,

Pour fauver la pauvre fille,
Vous lâche un pétard qui grille
L'noir chiffon qui pendait fur l'réchaud.

.   .   .   .

Tant y a que l'couple s'époufa,
Et qu'chaqu' Veftal' dit, voyant ça,
Quand eft ce qu'autant m'en arriv'ra,
Alleluia !

Defaugiers a fait encore plufieurs autres parodies dramatiques qu'on a réimprimées affez récemment dans fes œuvres.[1]

A l'époque où la *Lucrèce* de *Ponfard*, faifait tant de bruit, on fit circuler en copies autographiées, une parodie intitulée : *Serre-feffe*, en cinq actes et en vers. Cette pièce eft, dit-on, fort bien conduite, et verfifiée avec facilité.

Bornons ici nos citations des parodies de théatre. Les curieux trouveront de plus amples renfeignements dans la *Bibliographie drama-*

---

[1] Deux jolis volumes en 32°, très bien imprimés.

tique de M. *A. F. Delandine*, Lyon, 1819. Il est bon de faire observer toutefois qu'il n'est pas toujours dans les habitudes de l'auteur d'être très exact.

Si la France, dont la saillie et la vivacité forment un des traits caractéristiques, nous a présenté d'abondantes parodies, il n'y a pas lieu de s'en étonner ; mais que la grave Angleterre en ait presque produit de plus nombreuses, ce n'est pas aussi connu sur le continent.

Dans ce pays, la Parodie a deux périodes bien distinctes. La première qui s'étend jusqu'au commencement de notre siècle, est presque toujours écrite dans un but politique, et chose remarquable dans un pays où le puritanisme de l'époque de Cromwel a laissé des traces si profondes, c'est la Liturgie, ce sont les prières de l'église et les Livres saints qui prêtent leurs formes à cette parodie.

La feconde période comprend notre fiècle qui abonde en parodies purement littéraires, compofées dans le but de faire la fatire d'œuvres poétiques célèbres, ou de les imiter d'une façon comique.

Dès 1600, dans une comedie de *Ben Jonfon*[1] et repréfentée devant la Reine *Elifabeth* par les enfants de fa Chapelle, l'auteur a introduit une parodie d'une des plus graves litanies du fervice Anglican.

Phantafte.

From waving fans, coy glances, glicks,
Cringes and all fuch fimpering humours,
   (*Chorus.*) Good Mercury, defend us!

Amorphus.

From making love by attorney, courting
of puppets, and paying for new acquaintance,
   (*Chorus.*) Good Mercury, defend us!

---

[1] Cynthia's Revels, or the fountain of felf-love.

Phantaste.

From pargetting, painting, flicking,
glazing and renewing old rivelled faces
    (*Chorus.*) Good Mercury, defend us !

. . . .

    La même forme a été employée
dans un parodie politique :

The poor man's Litany.

From the tax upon income, invented by *Pitt,*
Though the great ones contrive to lose nothing
    by it,
Yet we who have little, are sure to be bit.
        Good Lord, deliver us !

From a workhouse where hunger and poverty
    rage,
And distinction 's a stranger to birth, sex or
    age,
Lame and blind, all must work, or be coop'd
    in a cage.
        Good Lord, deliver us ! [1]

---

[1] Voir sur de semblables parodies une collection intitulée *The Rumps, by the most eminent Wits, from* 1639 *to* 1661.   London, 1662, in 8vo.

Collection of the Newest and most ingenious poems, &c. against Popery, in 4to.

Un ecclésiastique, le docteur *John Boys*, qui devint doyen de Canterbury, ne craignit pas, dans un sermon prêché à la croix de St. Paul, d'y placer une parodie de la prière Chrétienne, pour exprimer fon animosité contre le Pape.

Un peu plus tard (vers 1647) on publia dans la collection de pamphlets de Robert Harley, Comte d'Oxford,[1] des formules religieuses et des prières, imitées du Rituel, pour le rétablissement de plusieurs membres du Parlement supposés atteints de la peste.

Puritains et Cavaliers employaient largement la phraséologie de l'Ecriture Sainte pour donner plus de piquant à leurs caustiques attaques, et se déchiraient en litanies railleuses et en prières-parodies.

---

[1] *Harleian Miscellany*, 2ième vol. de l'édit. de Dutton.

Le célèbre Lord Somers, qui contribua peut-être plus que tout autre à l'expulsion de Jacques II, inséra dans se essais, une parodie de quatre des chapitres de l'Evangile de St. Mathieu : "New Testament of our
" Lord and Saviours, the house of
" our Lords and Saviours, The House
" of Commons, and the Supreme
" Council at Windsor."

On voit "The genealogy of the
" Parliament from the year 1640 to
" this present 1648. The book of
" the generation of *John Pim*, the son
" of *Judas*, the son of *Beelzebub*," &c.

Un des exemples les plus spirituels en ce genre est : *Old England's Te Deum* par *Sir Charles Hanbury Williams*, un des beaux esprits et des hommes à la mode du siècle dernier.

We complain of Thee, O King; we acknowledge Thee to be an Hanoverian.

All Hungary doth worship Thee, the captain everlasting.

To Thee all placemen cry aloud, the Houfe of Lords, and all the Courtiers therein.

To Thee *Carteret* and *Bath* continually do cry:

Warlike, warlike, warlike Captain-general of the armies! *Brunfwick* and *Lunenburg* are full of the brightnefs of our coin.

The venal company of Peers praife Thee.

The goodly fellowfhip of Minifters praife Thee.

The noble army of the Hanoverians praife Thee.

. . . .

O King, fpare the people of England;
And now fqueeze the people of Hanover.
Govern them as Thou haft governed us,
And confine them to their turnips for ever,
And we bawl againft Hanover, ever world without end.

Vouchfafe, O King, to keep us this year without thy Hanoverians.

O Lord, have mercy upon us:

O King, let thy mercy lighten our taxes, as our credit fhould be in Thee.

Les publications de ce fiècle font remplies de ces fortes de parodies, et l'on en trouve d'amples détails dans les trois procès intentés par le gouvernement à *William Hone*, en 1817.

Ils ont été imprimés avec ses défenses, et contiennent des renseigne-
ments nombreux et intéressants sur
l'histoire de la parodie, durant ce que
nous avons appelé la première période
de ce genre de satire en Angleterre.

Ces trois procès, et les défenses de
l'accusé, publiés in 8°, furent re-
cherchés avec une avidité telle, qu'a-
vant la fin de l'année 1818, il en
fut vendu dix-neuf éditions, disent
les bibliographies. Néanmoins aujourd'hui les trois parties réunies sont
devenues assez rares, et se vendent
de dix à douze francs.

Presque de nos jours même, la
tendance à employer les formules
de l'église dans les parodies politiques, était si forte que le célèbre
Burke n'hésite pas, à la veille d'une
dissolution du Parlement, à parodier
dans un discours à la Chambre des
Communes, la formule de la prière
pour les morts : " And now," dit-il,

" I hereby commit their body to the
" grave, afhes to afhes, duft to duft,
" in certain hope and expectation of
" the glorious refurrection which,
" by its good deeds, it fhall furely
" fee." [1]

Un prédicateur Calvinifte, populaire et de grand talent, le reverd
Toplady, perfuadé que les lettres de
Lord Chefterfield inculquaient une mo-
rale fubverfive, en publia une parodie
fous la forme du *Credo* et des prières
pour la cérémonie du Baptême. Ce
morceau, malgré fon exagération,
réfume affez fidèlement les principes
du noble Lord. [2]

---

[1] Dans un ouvrage intitulé : *Foundling hof-
pital for Wit*, on trouve de même plufieurs
parodies fur des textes de l'Ecriture fainte.

The Chronicles of the Kings of England, préfentent auffi un réfumé de l'hiftoire d'Angleterre, en phrafes parodiées des livres des Rois,
dans la Bible.

[2] Cette pièce eft toute entière à la page 23
des *W. Hone's Trials*, troifième procès.

20

Avant d'entrer dans la seconde période de la parodie Anglaise, nous devons faire observer qu'il y a quelques rares exceptions à ce que nous avons dit ci-dessus, que la première est entièrement politique, et prend les formes de la liturgie Chrétienne.

La plus remarquable de ces exceptions est celle du poète *John Philips*, mort en 1708, et qui a parodié Milton d'une façon très spirituelle.[1] Les circonstances vulgaires de chaque jour sont heureusement mêlées au ton épique des vers ; la trivialité des mots est enchassée avec beaucoup d'effet ; l'épigraphe est très heureuse ; la comparaison entre les pantalons déchirés du héros, et un navire qui fait eau et qui sombre, termine ce petit poème de 143 vers, avec une majesté toute

---

[1] *Steele*, en parlant de cette pièce a dit, "it is the finest burlesque poem in our language."

claffique. On croirait entendre l'ex-
clamation de cet Efpagnol qui difait
que fa culotte fe déchira avec un
éclat pareil à celui que ferait le ciel
et la terre, en fe heurtant.

The *fplendid Shilling.*

Epigraph.

. . . Sing heavenly Mufe
Things unattempted yet in profe or rhyme,
A fhilling, breeches and chimeras dire.

Happy the man who, void of cares and ftrife,
In filken or in leathern purfe retains
A fplendid fhilling! he nor hears with pain
New oyfters cry'd, nor fighs for cheerful ale:
But with his friends, when nightly mifts arife
To Juniper's Magpie, or Town-Hall[1] repairs,
When mindful of the nymph whofe wanton eye
Transfixed his foul, and kindled amorous
        flames,
Chloe or Phyllis, he each circling glafs
Wifheth her health, and joy and equal love;
Meanwhile he fmokes and laughs at merry
        tale,
Or pun ambiguous, or conundrum quaint:
But I, whom griping penury furrounds,

---

[2] Two noted alehoufes in Oxford.

And hunger, sure attendant upon want,
With scanty offal and small acid tiff
(Wretched repast!) my meagre corpse sustain:
Then solitary walk or doze at home,
In garret vile, and with a warming puff
Regale chill'd fingers .   . .   .
But if a slumber happily does invade
My weary limbs, my fancy, still awake,
Thoughtful of drink, and eager, in a dream,
Tipple imaginary pots of ale;
In vain! awake, I find the settled thirst
Still gnawing, and her plaisant phantom curse.
Thus do I live, from pleasure quite debarr'd.

Afflictions great! but greater still remain.
My galligaskins that have long withstood
The winter's fury and encroaching frosts,
By time subdued (what will not time subdue!)
A horrid chasm disclose, with orifice
Wide, discontinuous; at which the winds
Eurus and Auster, and the dreadful force
Of Boreas, that congeals the Cronian waves,
Tumultuous enter, with dire chilling blasts,
Portending agues.   Thus a well-fraught ship
Long sails secure, or through the Ægean deep,
Or the Ionian; till cruising near
The Lilybean shore, with hideous crush,
On Scylla or Charybdis (dangerous rocks!)
She strikes rebounding; whence the shatter'd
     oak
So fierce a shock unable to withstand,

Admits the ſea. In at the gaping ſide
The crowding waves guſh with impetuous rage,
Reſiſtleſs, overwhelming ; horrors ſeize
The mariners ; death in their eyes appears ;
They ſtare, they lave, they pump, they ſwear,
     they pray ;
Vain efforts ! ſtill the battering waves ruſh in,
Implacable, till, delug'd by the foam,
The ſhip ſinks foundering in the vaſt abyſs.

La parodie purement littéraire, en Angleterre, ne commence guère qu'avec le 19ième ſiècle. Mais dès lors juſqu'aujourd'hui il en parut un ſi grand nombre, que nous devons nous borner à en parler d'une façon très ſommaire.[1]

On en a formé pluſieurs recueils où l'on rencontre des pièces de mérite, compoſées par des écrivains de talent.

[1] A la vente de la bibliothèque de Mr. George Smith, Député Lieutenant des *Tower Hamlets*, vente qui ſe fit à Londres en Juillet 1867, et qui dura vingt jours, il ſe trouvait vingt-deux lots compoſés entièrement d'un nombre conſidérable de parodies anglaiſes, parmi leſquelles il y en avait de très rares.

Un de ces recueils, publié dans les premières années de ce siècle,[1] nous parait affez important pour que nous en indiquions le contenu. Le volume commence par une préface compofée par l'ombre d'Addifon aux Champs Elifées, et le premier morceau eft une parodie des *Seven Ages of Man*, dans la Comédie de *As you like it*, de Shakefpeare. Puis fuivent des parodies, 2°, de *l'Allegro* de Milton ; 3°, de *l'Alexander's Feaft*, par Dryden ; 4°, d'un paffage du *Temple of Fame*, de Pope ; 5°, d'un paffage des *Saifons* de Thomfon ; 6°, de *The Paffions, an ode for mufic*, par William Collins.

Une feconde partie du même volume commence par une introduction écrite par l'ombre du doc-

---

[1] *Pofthumous Parodies and other pieces compofed by feveral of our moft celebrated poets, but not publifhed in any former edition of their works. London, Printed for John Miller, 1814, in 8vo.*

teur S. Johnfon. On y trouve enfuite des parodies de la Ballade du
Vicaire de Bray, de l'*Elegy in a
Country Churchyard,* de T. Gray; de
Retaliation, d' Oliver Goldfmith, appliquée au diner donné annuellement
par le *Speaker* de la Chambre des
Communes; une parodie des vers
de William Cowper, fuppofée écrite
par Alexandre Selkirk, durant fon
féjour dans l'île déferte de Juan Fer-
nandez; deux autres de la 12ième
Olympiade de Pindare, et de l'ode
8ième du liv. IV. d'Horace.

Le volume finit par une parodie
très plaifante du monologue de *Ham-
let,* exprimant l'anxiété d'un homme
endetté qui héfite à conclure un
mariage de convenance.

To woo, or not to woo, that is the queftion!
Whether 'tis wifer in a man to fuffer
The fcrews and pinches of a ftraiten'd fortune,
Or to take arms 'gainft fome rich widow's
    fuitors,

And by oppoſing, beat them ?   To woo—to
    wed—
No more—and by a wedding ſay we ſilence
The creditors, and thouſand barking peſts
That ſnap at poor men.   .   .   .   .

Ce monologue a été parodié a
pluſieurs repriſes.   On cite comme
une des meilleures celle de *Coleman* :

To drink, or not to drink, that is the queſtion !
Whether 'tis nobler for a man to ſuffer
The deſperate longings of outrageous thirſt,
Or take the bottle up, againſt a ſea of trouble,
And by drinking, end them ?   To drink, to
Stagger, no more—   .   .   .   .   .

Juſqu' aujourd'hui ce morceau de
Shakeſpeare n'a ceſſé d'être l'objet de
mainte et mainte parodies ; mais nous
ne nous y arrêterons pas ; continuous
à indiquer les principaux recueils
modernes qui en renferment.

D'abord ſe préſente un volume
rare qui en offre des plus remarquables.[1]

[1] The Spirit of the Public Journals.   London : Printed for James Ridgway. 1802. 8º.

Entr' autres celle de l'ode XIV.
livre 1ᵉʳ des Odes d'Horace :

> O navis ! referent in mare te novi
> Fluctus, &c.

Britannia, while frefh ftorms are brewing,
I wonder what the devil you're doing.
Put back to harbour, might and main,
Nor venture out to fea again :
Your hull's too tender long to laft,
You're fain to try a jury-maft ;
Your tackle's old, your timbers crazy,
The winds are high, the weather hazy,
Your anchor's loft, you've fprung a leak ;
Hark ! how the rope and cordage creak !
A rag of canvas fcarce remains ;
Your pilot idly beats his brains—

. . . .

Beware of fhoals—of wind and weather,
And try to keep your planks together,
Or elfe the rav'nous fea will gorge,
And lodge you next the Royal George.

Les odes 27 et 34 de ce même
livre, ainfi que la 16ᵢᵉᵐᵉ du livre 2,
font également parodiées d'une manière très claffique, ce dont il n'y a
pas lieu de s'etonner lorfqu'on fait

21

que le célèbre professeur *Porson* est au nombe de ceux dont les pièces ont été choisies pour former ce recueil.[1]

La dernère parodie de notre volume, celle de *L'Allegro* de Milton, est certainemen écrite par une plume très exercée :

> Off, blabb'ring Melancholy,
> Of the bluedevils and book-learning born,
>   In dusr schools forlorn,
> Amongst blck gowns, square caps, and book
>   unjcly !

> But com, thou baggage, fat and free,
> By Gentes called Festivity,
> And by v rolling Kiddies—Fun ;
> Freaks lie these if thou canst give,
> Fun, wit thee I wish to live.

Dans in autre collection, *The Rejected Adresses*, les frères James et Horace Smith ont parodié, souvent avec un véritable talent de poète,

[1] Voir sa mordante satire en prose, intitulée : *Orgies of Bcchus*, et signée *Mythologus*.

douze des principaux écrivains de l'Angleterre. Ce volume eſt trop connu pour que nous en donnions des extraits. Nous ne pouvons cependant nous empêcher d'appeler l'attention ſur la parodie de la bataille de *Flodden*, dans le ſixième chant du poème de *Marmion*, qui, lorſqu'elle parut, fut admirée par le critique *Jeffreys* dans l'Edinburgh Review.

Au nombre des parodies qui ſe trouvent dans les *Ingoldſby Legends*, Barham en a faite une de l'ode célèbre ſur les funérailles du général *Sir John Moore*. Lorſqu'elle fut publiée en 1824, elle parut aſſez belle pour que le Capitaine Medwin ſuggérât qu'elle était due à la Muſe de *Byron*. Sidney Taylor réfuta cette ſuppoſition, et reſtitua l'ode à ſon véritable auteur, le Révᵈ. *Charles Wolfe*. Amuſé par cette diſcuſſion, *Barham* entra auſſi dans la lice et prétendit que la pièce n'était qu'une imitation de l'ode originale du Docteur *Peppercorn*[1] en huit ftrophes, dont voici un extrait :

Not a fou had he got, not a guinea or note,
　　And he look'd confoundedly flurried,
As he bolted away, without paying his fhot,
　　And the landlady after him hurried.

　. 　 . 　 . 　 . 　 . 　 . 　 . 　 .

All bare and expofed to the midnight dews,
　　Reclined in the gutter we found him :
And he look'd like a gentleman taking a fnooze,
　　With his Marfhall cloak around him.

　. 　 . 　 . 　 . 　 . 　 . 　 . 　 .

Slowly and fadly we all walk'd down
　　From his room in the uppermoft ftory ;
A rufhlight we placed on the cold hearth-ftone,
　　And we left him alone in his glory.

Ce n'eft pas feulement en Angleterre qu'on a difcuté la paternité de cette ode célèbre : *The Burial of Sir John Moore.* On trouve à ce fujet toute une difcuffion littéraire dans

---

[1] Voir la dernière édition des *Ingoldfby Legends*, avec commentaire et explications hiftoriques.

le journal *L'Intermédiaire des Chercheurs et Curieux*, 5ième année, page
693, et 6ième année, pages 19 et 106.
D'après ces détails il paraîtrait que
cette piéce n'eſt que la traduction
d'une ode françaiſe compoſée á l'occaſion de la mort du Comte de Beau-
manoir, tué en 1749, à la défenſe de
Pondichery.

Ni le ſon du tambour, ni la marche funèbre,
Ni le feu des ſoldats, ne marqua ſon départ ;
Mais du brave à la hâte, à travers les ténèbres
Mornes, avons porté le cadavre au rempart.

De minuit c'était l'heure, et ſolitaire et ſombre,
La lune à peine offrait un débile rayon :
La lanterne luiſoit péniblement dans l'ombre,
Quant de la bayonnette on creuſa la gazon.

D'inutile cercueil ou de drap funéraire
Nous ne daignâmes point entourer le héros :
Il giſait dans les plis du manteau militaire
Comme un guerrier qui dort ſon heure de
    repos.

  .   .   .   .   .   .

L'une de ces deux odes eſt évidemment une traduction de l'autre : mais quel est l'original ?[1]

Un ouvrage qui jouit d'une aussi grande popularité que les Légendes de Barham et qui rentre plus spécialement dans notre sujet, c'est The *Book of Ballads de Bon Gaultier*.[2] On y trouve des parodies de Lord Macaulay,[3] de Tennyson,[4] de Robert Mont-

---

[1] Voici la note du correspondant de *l'Intermédiaire :*—" The well known verses on the " death of Sir John Moore, attributed to the " Rev. Charles Wolfe, but never acknow- " ledged by him, are so similar to the above, " that it is supposed Mr. Wolfe may have re- " ceived the French stanzas from his relative " M. Wolfe Tone, after his return from " France."

[2] L'auteur principal, M. Théodore Martin, a pris une place des plus distinguées parmi les poètes de notre époque, par ses traductions en vers des œuvres d'Horace, et des deux parties du *Faust* de Goëthe.

[3] *Lay of the Colt* (Horatius, Lays of Ancient Rome.)

[4] *The Biter bit* (Queen o' the May), *The Lay of the Lovelorn* (Locksley Hall), *The Laureat* (The Merman.)

gomery,[1] et de Mme Eliſabeth Barrett Browning.[2]

Le poète *William Wordſworth*, malgré ſon mérite inconteſtable, a ſouvent paru aux lecteurs d'une monotonie fatiguante dans ſes deſcriptions de détails inſignifiants. Auſſi a-t-il prêté le flanc à plus d'un trait de ſatire.

Voici une parodie de ſa pièce intitulée *Lucy*, qui critique ce défaut avec eſprit et malice :

There lived amidſt th' untrodden ways
   To Rydal lake that lead,
A bard, whom there were none to praiſe,
   And very few to read.

Behind a cloud his myſtic ſenſe
   Deep-hidden, who can ſpy ?
Bright as the night when not a ſtar
   Is ſhining in the ſky.

---

[1] Parodie du ſtyle de cet auteur que Macaulay critique d'une manière ſi ſévère, dans un de ſes *Eſſais*.
[2] *The Rhyme of Sir Launcelot Boyle.*

Unread his works—his milk-white doe
With duſt is dark and dim;
It's ſtill in Longmans' ſhop, and oh!
The difference to him!

  . . . .

Le ſtyle ſatirique était trop dans les habitudes de *Thackeray*, pour qu'il ne ſe fût pas donné le plaiſir de la parodie. Ses *Miſcellanies* en contiennent de fort ſpirituelles de quelques uns des romanciers contemporains les plus célèbres.

Signalons enfin un recueil récemment publié: *Puck on Pegaſus*;[1] On y remarque des parodies de *Hiawatha*, de Longfellow, de *The Charge of the Six Hundred*, de Tennyſon, et de *l'Horatius*, de Macaulay: "The "ſight for the championſhip as told "by an ancient gladiator to his great- "grandmother."

Pour terminer ce que nous avons à dire ſur la Parodie Anglaiſe, rap-

[1] Par H. Cholmondeley Pennel. London: Hotten. 1869, in 4to.

pelons que les journaux comiques
de Londres, *Punch*, *Judy*, *Fun*, *The
Tomahawk*,[1] ont donné à diverſes
repriſes, des parodies des meilleurs
auteurs anglais. Quelques unes ont
un véritable mérite littéraire.

Dernièrement le *Punch*, publié en
Auſtralie, a parodié d'une manière
plaiſante le poëme de Tennyſon,
Enoch Arden.

L'Allemagne poſsède un nombre
conſidérable d'ouvrages et de recueils
de poëſie et de proſe comiques,
burleſques, et appartenant au genre
de la parodie proprement dite.
Mais, ainſi que nous l'avons déjà
annoncé au commencement de cet
Eſſai, les auteurs qui ſe ſont occupés de cette dernière forme de

---

[1] Ce dernier journal a publié en 1867 et
1868 de très agréables parodies de Goldſmith,
Macaulay, Tennyſon et Longfellow ; et le
Punch, du 19 Mars, 1870, nous préſente la
parodie de trois des odes d'Anacréon, accom-
pagnée du texte grec.

22

la littérature satirique, n'ont point cherché à distinguer la parodie, des autres genres de la littérature comique. Leurs explications et leurs définitions sont si vagues et si générales, qu'il nous a été impossible d'arriver à un résultat satisfaisant, à moins de lire un grand nombre des deux mille articles environ, du catalogue de J. Scheible,[1] ce qui nous est impossible.

Les allemands regardent comme un des chef-d'œuvres du genre qui nous occupe, les *Litteræ obscurorum virorum* qui excitèrent à leur apparition une hilarité générale, et firent rire Erasme aux éclats. L'i-

---

[1] *Komische Literatur der Deutschen: Geisliche und weltliche satyren, Epigramme, Facetien, sottisen, Hof- und volksnarren, fastnachtslust, Schwänke, Anekdoten, Spottschriften, Pamphlete, Farcen, Possen, Hanswurstcomödien, alte volksbücher, Parodieen und Travestieen, Abhandlungen und Dissertationen über lächirliche und Sonderbare Themata, &c. &c.*

gnorance et la fuperftition des ordres monaftiques de l'époque, la lourde pédanterie des faux favants, le ridicule des formes fcolaftiques, ne furent jamais plus fpirituellement raillées.

La bonne foi et la vérité y étaient fi bien imitées, que des moines même crurent au commencement, que ces lettres étaient véritables, et écrites pour leur inftruction. Auffi le Pape Leon X. fulmina-t-il, en 1517, une bulle contre " cette œuvre d'écrivains " pervers, ayant perdu toute crainte " de Dieu, et des hommes."

Neánmoins, nous avons déjà dit, en parlant de ces lettres, les raifons qui nous empêchent de les confidérer comme des parodies, dans notre fens.

Il en eft tout autrement des trois petites pièces, publiées à Nordhaufen, en 1869, vraies parodies du *Lied von der Glocke, de Schiller*, de chacune defquelles nous citerons une ftrophe.

Der Punsch.

Auf dem recken mit der Kohle
Steht gescheuert blank und rein
Eine wundervolle bowle.
Was mag wohl darinnen sein?
  Wißt, auf aller wunsch
  Trinken wir heut' *Punsch*,
Den die götter selber tranken
Nur mit namen Necktar naunten.

.   .   .   .   .

Der Landkaffer.

Kanne! heute mußt du rennen
Heute kommet gast auf gast,
Und ich will den kaffee brennen
Den du mir geholet hast.
  Nun mal rasch und flink
  Mir die trommel bring;
Denn zu lange darf's nicht dauern,
Das nicht unsze Gäste lauern.

.   .   .   .   .

Das Schweineschlachten.

In dem stalle stehn du Schweine,
Wohlgemäßtet, feist und fett,
Bei des nächsten morgens scheine
Kommen sie gewiß an's brett;
  Schickt zom Meister mir,
  Daß er früh umsechs,
Sich mit seinen schlachtgesellen
Zu der arbeit möge stellen.

.   .   .   .   .

Un recueil à confulter fur les écrivains Allemands qui, fans nous avoir laiffé peut-être, des parodies proprement dites, font confidérés comme parodiftes dans leur pays, c'eft *Das Klofter,*[1] collection d'opufcules curieux fur la littérature comique de l'Allemagne. On y trouve une partie des œuvres comiques de Thomas Murner, de Johan Fifchart, et d'autres écrivains du même genre.

La poéfie fatirique et burlefque était en fi grande faveur en Italie, dès le 16ième fiècle, que des hommes auffi fupérieurs que *Laurent de Mé-*

---

[1] *Das Klofter, meift aus der ältern deutfchen Volks-wunder Curiofitäten- und Vorzugfweife Komifchen Literatur. Von J. Scheible.* Stuttgart, 1845. 12 vols. petit in 8°. remplis de gravures très curieufes. Le même éditeur a publié deux fuites à ce recueil, l'une fous le titre : *Das Scaltjahr,* en cinq volumes, même format, l'autre *Der Schatzgräber,* en quatre volumes. 1846.

dicis et le célèbre *Galilée*, ne dédaignèrent pas de s'y exercer.[1]

Cependant la parodie y eft fi peu cultivée, que les auteurs qui traitent de l'hiftoire de la littérature, en font à peine mention. Le *Quadrio*[2] eft le feul, à notre connaiffance, qui définiffe très bien la parodie : " Com-" ponimenti o proprii, o d'altrui, " applicati ad altro propofito, e vol-" tati in fenfo ridevole."

Néanmoins le refte du chapitre, après quelques mots fur la parodie grecque et latine, n'offre plus que de longs détails fur la poéfie entremêlée de diverfes langues, fur la poèfie macaronique, pédantefque, berniefque, &c., et ne parle d'aucune parodie Italienne.

Crefcimbeni[3] n'en dit mot non plus,

[1] Ginguené, Hiftoire Littéraire d'Italie, tome 9, ch. 37.
[2] Storia e ragione d'ogni poefia, &c., tome 1, p. 176.
[3] *Iftoria delli volgar poefia.* Roma, 1714, in 4°.

et il en eſt de même de *Giuſeppe Bianchini di Prato*.[1]

Nicola Villani[2] fait exception, et préſente quelques renſeignements ſur trois ou quatre parodiſtes.

Pier Vittori, rapporte-t-il, nous apprend que pluſieurs endroits des *Triomphes de Pétrarque* ont été parodiés dans la langue Toſcane. *Della Caſa* a fait la même choſe pour un grand nombre des ſtances de *l'Orlando Furioſo*. Enfin *G. Batiſta Lalli* a parodié quelques-uns des ſonnets de Pétrarque.

Villani cite une agréable parodie, en langue Bergamaſque, d'un paſſage des *Métamorphoſes* du poète *Anguillara*.

Ce qui confirme que les écrivains

[1] Trattato della ſatira Italiana. Firenza, 1729, in 4°.

[2] L'Academico Aldeano, Ragionamento ſopra la poeſia Giocoſa de' Greci, de' Latini e de' Toſcani. Venezia, 1634, in 4°.

Italiens n'ont guère connu la parodie proprement dite, c'est que les nombreux auteurs de *Capitoli* et de *Satire*, Burchiello, Berni, Mauro, Varchi, Molza, Grazzini, Firenzuola, &c. ne nous ont point laissé de pièces de ce genre.

Nous n'avons pas trouvé que l'Espagne fut beaucoup plus riche en parodies que l'Italie. D'ailleurs la poësie satirique ne jouit jamais en ce pays, d'une très grande faveur.

Mais lorsque le caractère national commença à perdre de sa vigueur, les poèmes héroïques, quoiqu'assez nombreux encore, ne trouvèrent plus d'écho dans l'esprit populaire, et les auteurs, afin de lui donner un nouvel élan, remplacèrent la véritable grandeur par l'exagération. Or l'exagération de la dignité et de la gravité, est sûre d'amener la parodie à sa suite. C'est ce qui arriva en Espagne.

La quantité de poèmes et de romans interminables, où l'emphafe domine, que ce pays produifit au 16ième et au 17ième fiècles, donnèrent lieu à la parodie, dans la ballade et fur le théâtre où le *Graciofo* parodie conftamment le héros de la pièce.[1]

Néanmoins ce genre ne produifit que peu de pièces. La plus ancienne eft *l'Afneida* (l'Anéïde), par Cofme de Aldana, qui mourut avant d'avoir achevé fon poème, fi foigneufement détruit, dit-on, qu'on n'en connait plus aujourd'hui aucun exemplaire.

Une autre parodie Efpagnole, en trois chants, fut publiée à Paris en 1604, fous le titre de *Cintio Merctiffo,* et dont le fujet eft la mort, les obfèques et les honneurs rendus à *Chrefpina Maranzmana,* chat de Juan Chrefpo. C'eft une des meilleures

[1] Hiftory of Spanifh Literature, by George Ticknor. 3 vols. 8°. Trübner, 1863. Tome 2, p. 491.

23

imitations comiques des poèmes héroïques de l'epoque.

Alors que régnait cet esprit de satire, les classiques grecs et latins ne pouvaient manquer d'attirer aussi l'attention.

On trouve dans la *Mosquea,* ou le combat des mouches et des fourmis, par *Villaviciosa,* ecclésiastique mort en 1658, une spirituelle parodie de la tempête, dans le premier livre de l'Enéide.

Le dernier poème de ce genre, au 17ième siécle, mais le plus renommé est la *Gatomachia,* ou le combat de deux chats pour l'objet de leurs amours. Cette fantaisie de *Lope de Vega* est trop étendue sans doute, mais on y trouve d'excellentes parodies de l'Arioste, de plusieurs poèmes épiques bien connus, et de quelques anciennes ballades. Même aujourd'-hui cette pièce est peut-être une de celles qui sont lues le plus fréquemment, de toute la collection des œuvres mêlées de *Lope de Vega.*

Dans la suite, sous Ferdinand VI. et les deux Charles, ses succeffeurs, le déclin de la littérature en tout genre, fut rapide, malgré les efforts de Charles III. durant un règne de vingt-neuf ans.

La parodie littéraire difparait enfin entièrement,[1] a moins qu'on ne confidère comme telle, les fermons du fameux prédicateur *Frère Gerund de Campazas,* par le père Ifla, qui mourut en 1781.

Frère de l'Efpagne, le Portugal ne doit pas être oublié dans notre revue, quoique les Portugais foient en général, comme les Efpagnols, d'humeur peu facétieufe. Ils fe font livrés rarement à cette joyeufe humeur qui enfante la parodie.

Il n'eft pas impoffible, néanmoins,

[1] Voir *Efpagne Littéraire* (par Nicolas Bricaire). 3 vols. 1774.

de trouver chez eux des spécimens de ce genre de littérature.

Si, par exemple, on parcourt les ouvrages[1] de cet infortuné Israëlite *Antonio Jozé da Sylva*, qui fut brulé à Lisbonne le 13 Octobre 1726, on trouve que s'il n'a pas fait peut-être de parodies dans l'acception réelle du mot, il a certainement le génie parodiste.

La Parodie, cette portion de la littérature populaire dont nous venons de présenter une esquisse, prend son caractère des circonstances morales et politiques de l'époque, et du pays où elle se développe.

---

[1] Voici le titre des quatre volumes qui composent la collection de ses œuvres, dont les premières pièces séparées commencèrent à être imprimées en 1736 : *Theatro comico Portuguez, ou Collecçao das operas Portuguezas que se representaram na casa do theatro publico de Bairro alto de Lisboa offerecedas a' muito nobre Senhora Pecunia Argentina.* Lisboa, T. 1 et 2, 1787. T. 3 et 4, 1792.

Elle fe modifie en conféquence, et trouve le plus d'encouragement au milieu de la turbulence des diffenfions civiles et religieufes.

Les matériaux pour l'hiftoire de la parodie chez les anciens, font très incomplets, car nous en avons perdu un grand nombre.

Chez les nations modernes, mais furtout en France et en Angleterre, ce genre a été cultivé de très bonne heure, et s'eft reproduit durant tout le Moyen-âge, d'abord en latin, puis en langue vulgaire.

Nous n'avons pu donner qu'une faible idée de ce qu'ofaient les parodiftes de ces temps, pour tourner en ridicule les mœurs, les coutumes et les ufages. Ce font furtout les moines et le clergé feculier qui font l'objet de leurs attaques.

Au quinzième fiècle la parodie prend part à la grande lutte pour l'émancipation de la raifon humaine, fi longtemps tenue captive par l'Eglife et la Scholaftique.

Avec la Réforme, commence la période moderne de la Parodie, qui mériterait plus de développements que n'en comporte cet effai, car fon hiftoire eft plus utile qu'on ne croit, pour l'étude intellectuelle et politique des peuples.

Terminons par ces paroles de *Lenglet du Frefnoy,* dans fon introduction à l'ouvrage de *Martial d'Auvergne :* "Ce ne fera pas, je crois, " une médiocre fatisfaction à ceux " qui gloferont fur mes ouvrages, " d'appercevoir qu'ils en favent " beaucoup plus que moy. Je vou- " drois plus fouvent leur procurer " ce régal. Car c'en eft un très " délicat pour ceux qui aiment la " lecture."

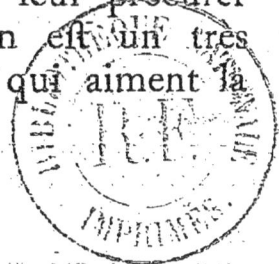

FIN.

Du même Auteur.

I.

MACARONEANA, ou Mélanges de Littérature Macaronique des différents peuples de l'Europe. Paris, 1852. 1 vol. 8°.

II.

HISTOIRE DES FOUS LITTERAIRES. Londres : Trübner & Cie. 1860. 1 vol. 8°.

III.

ANALYSE des six premiers volumes de la SOCIETE DES PHILOBIBLON de Londres. 1862. 1 vol. 8°.

IV.

LE LIVRE DES VISIONS, ou le Ciel et l'Enfer décrits par ceux qui les ont vus. Londres : Trübner & Cie., 1866. 1 vol. 8°.

V.

HISTORICAL DIFFICULTIES and Contested Events. London : John Murray. 1868. 1 vol. 8°.

VI.

REVUE ANALYTIQUE des Ouvrages écrits en CENTONS, depuis les temps anciens, jusqu'au 19ième. siècle. Londres : Trübner & Cie. 1868. 1 vol. 8°.